WALT HASTINGS

Die Vernichtung des Wilhelm Reich

(Übersetzung aus dem Amerikanischen von Hartmut W. Heck)

PERSONEN:

Mark Feather:	*Reichs Anwalt*
Rich McBride:	*Rechtsanwalt, Untersuchungsbeamter*
Herbert Grossman:	*Rechtsanwalt, Untersuchungsbeamter*
Joe McNultey:	*Staatsanwalt, späterer U.S. Senator*
Leroy Johnson:	*Sträfling*
Wilhelm Reich:	*Psychoanalytiker, Naturwissenschaftler, Autor*
Ellen Gruhn:	*Naturwissenschaftlerin, Reichs Ehefrau*
Lydia Heller:	*Psychiaterin, Reichs Mitarbeiterin*
Peter Hacker:	*Gefängnispsychiater*
Richard Mullhouse:	*Richter*
Angela Susskind:	*Psychoanalytikerin, Autorin*
D. J. Hyde:	*Psychologieprofessor, Autor*

Stumme Rollen:	*ein Gefängniswärter, ein Gerichtsdiener und fünf Untersuchungsbeamte, die alle von bereits besetzten Schauspielern gespielt werden können.*

ISBN 3-8311-0457-3

Herstellung: Libri Books on Demand

1. Szene

Hinweistafel: Oktober 1956.

Das Büro des Untersuchungsbeamten ist der Ort für vier der zwölf Szenen. Es gibt dort zwei Tische sowie Stühle für Besucher. Auf der rechten Bühnenseite führt eine Tür zu einem Warteraum, links führt eine Tür zum Büro von McNultey.
Reichs Anwalt, Mark Feather, ein „zeitloser" Besucher in der Eröffnungsszene, kommt rein und geht raus, ohne die Türen zu benutzen. Feather hat in der ersten Szene die Erzählerrolle und richtet sich an das Publikum.

Feather: So bedauerlich es auch scheint, ich, als Anwalt, war der näheststehende, den Reich hatte. Und ich, als Produkt unserer besten Schulen, war das, was Sie ein bißchen naiv nennen würden. Weil Reich sich tollkühn genug gezeigt hat, Kindern Grundrechte zuzubilligen, warfen die Ankläger Reich mit Süffisanz vor, er wolle die Kindergärten in Brutstätten der Anarchie verwandeln. Und in dieser Hinsicht hat Reich denen in die Hände gespielt. Anstatt Butterbrot und Peitsche zu akzeptieren, wollte er in den kleinen Kindern der Angst vorbeugen. Statt der Jugend zu helfen, sich auf trübe Jobs einzustellen, wollte er sie in feineren Genüssen trainieren. Anstatt die Defekte des „alten Adams" zu akzeptieren, wagte er zu sagen, daß Grausamkeit und Furcht die Folge von Repressionen und Unterdrückung seien. Seltsam genug, werden Sie sagen, doch der Gipfel der Anklage lag in ihrer Behauptung, Reich rufe bei älteren Patienten unkontrollierbare Triebe hervor. Das war eine heiße Phantasie der fünfziger Jahre - eine rebellische Armee von Großmüttern, glühend in ihren vergessenen Körperregionen, Scharen von Aufgeputschten, die sich nach Washington, zum „Fest der verbotenen Früchte" aufmachten. Allein der Gedanke an wissenschaftliche Begründungen solcher Vorgänge löste beim Richter Furcht aus und erschreckte noch mehr die Geschworenen. (nostalgische Musik beginnt) Nicht etwa, daß es Reich an eigenem Fanatismus mangelte, nein. Wenn er herausgefordert wurde, hatte er immer eine rote Flagge für die Stiere parat. So schrieb er in seiner meist humorlosen Art, „Freiheit bedeutet die Verantwortung eines jeden, für den Erhalt seines Teils an sexueller Freude, aber kein Terror ist stärker als das Erreichen der sexuellen Freiheit. Die meisten von uns lähmen sich selbst mit der Furcht vor dem Leben, das sie mit Recht verlangen."
Ist einer mit solchen Ideen gemeingefährlich? Oder sind wir, eine unterdrückte Generation, darauf trainiert, wie schon unsere Eltern, ängstliche Konformisten zu sein?

Ich bin ein Produkt der Depression, geboren 1933, ein Jahr wie ein Spuk. Reich war auch '33 ein Gejagter, was ich als junger, unbedarfter Anwalt anfangs gar nicht mitkriegte. Bei mir hatte ihre Erziehung ganze Arbeit geleistet. Obwohl ich neben ihm saß, genauso gejagt von all den Bürokraten und Experten, habe ich das Blut nicht gerochen. Was könnte erbärmlicher sein als ein Junge, der nicht mal in der Lage ist, sich gegen so etwas zu wehren?

Grossman und McBride betreten das Büro. McBride, ungefähr dreißig, ist gutaussehend und selbstgefällig; er spielt mit einem Football. McBride ist ein begabter Possenreißer mit der Gewohnheit, Rollen und Sprachebenen zu wechseln. Grossman, ein paar Jahre älter, strotzt vor nervöser Energie. Ohne sich von der physischen Präsenz des Schauspielers leiten zu lassen, sollte es dem Publikum erscheinen, daß Grossman etwas von einem „häßlichen Entlein" anhaftet, entweder in der Erscheinung, in der früheren Erscheinung, in seiner Indoktrination, im Selbstbild oder in der Phantasie - womöglich in allen fünf Bereichen. Dementsprechend ist er von McBride sowohl fasziniert als auch befremdet.

McBride: McBride ist an der 10-Yard-Marke, jetzt an der fünf, er schafft heute wieder eine sagenhafte Punktzahl. McBride for President! Zu großartig für diese Welt.

Feather: Man könnte sagen, daß die zwei, die Reich festgenagelt haben, meine Vorgesetzten sind. So wie viele Jäger haben sie ihre Beute auf Eis gelegt, nur um zu finden, daß sie eine seltsame Art hat, Hitze zu verursachen.

McBride: Laßt die Irren miteinander rammeln.

Grossman: Irre ist er nicht.

McBride: Den Roten haftet das Rotsein an.

Grossman: Er ist weder das eine noch das andere.

McBride: Herbie, du siehst alt aus in der letzten Zeit. Ist es nicht Zeit für deine Pillen? (zu sich selbst) McBride ist wieder da um zu passieren. Er schaut. Er wirft.

Feather:	Wir haben den goldenen Oktober von 1956, eine Zeit von Wahlkampagnen, Footballmatches und anderen harten Spielen. Wie war das für Sie? Haben Sie die Barbarei genossen? Sind Sie intakt durchgekommen? Oder ist Ihr Bestes auf der Strecke geblieben? (ab)
McBride:	Zurück zu deinem Wicht. Wilhelm Reich, unser Mann im Käfig. Ich sage, daß er radikal, rot und ohne Verstand ist, das heißt verrückt.
Grossman:	Er durchschaute Ihre billigen Spiele bereits bevor Sie geboren wurden. Was verstehen Sie unter „verrückt"?
McBride:	(imitiert einen von Grossmans Tricks) Du weißt es, Herbie. Du bist doch selbst so ein schlaffer Sack, der zusammenfällt. Tue nicht jetzt gerade den Schlauen. Der Senator wird gleich hier sein.
Grossman:	Das ist immer noch keine Erklärung.
McBride:	(setzt seine Maskerade fort) Also gut, wenn du wirklich eine Definition willst, verrückt ist, wenn ein Rammler sein Hirn aufgibt, sich eben die Birne leer rammelt und verrückt wird oder direkter gesagt: plem-plem. Aber wenn du den Eliteschulenabkömmling spielen willst, dann darfst du dir unter „verrückt" einen Zustand innerer Verwirrtheit, der Geisteskrankheit genannt wird, vorstellen.
Grossman:	Was bedeutet „Geisteskrankheit"?
McBride:	Es handelt sich um eine Krankheit, die geistiges Unbehagen bezeichnet. (ahmt Grossmans nervöses Gehabe nach) Oder Un-Behagen. Daraus ergibt sich der Begriff „geistiges Un-Behagen". (gestikuliert) Tja, Leute mit reichlich Un-Behagen schlagen manchmal Haken oder überschreiten Grenzen, woraufhin sie dann für wahnsinnig erklärt werden!
Grossman:	Was bedeutet „Wahnsinn"?

McBride: Nun, Herr Richter, ich bin Ihnen dankbar, daß Sie diese Fragen stellen. Damit ist mir die Chance gegeben, diesen Pickel auf dem Doppelkinn der amerikanischen Jurisprudenz auszumerzen. Wahnsinn besagt, daß der Missetäter nicht ganz dicht ist, sich nicht im Griff oder einfach nicht alle Tassen im Schrank hat. Ein Psychiater könnte Schizophrenie diagnostizieren. Herbie, kannst du nicht etwas gegen dieses Zucken tun?

Grossman: Sie mischen noch einen Wortsalat. Haben Sie überhaupt eine Ahnung was das bedeutet - Schizophrenie?

McBride: In der Tat, Professor, mein Wissen ist exakt, es beruht auf klaren Fakten. Und nicht auf blutarmen Theorien... aus Eliteschulen für akademische Wichser. Schizophrenie ist die medizinische Diagnose für eine „Abspaltung von der Realität". Und wie alle wissen, die nicht akademisch sind, kommt es zur Schizophrenie... indem einen die schlimmste Sorte der Psychose erwischt.

Grossman: Ein Wort ist ein Wort ist ein Wort. Sie geben Definitionen, in der Art, wie Sie denken - in Kreisen.

McBride: (schließlich gereizt) In Ordnung, schlauer Arsch, vielleicht brauchst du einen längeren Blick in den Spiegel. Geheimnisvolle Schauspielerei, das ist Wahnsinn. Sonderbares Verhalten... bizarre Handlungen... besonders schwere... oder pathologisch... hol's der Teufel! Du weißt verdammt gut, Wahnsinn ist, wenn der Kerl verrückt ist!

Grossman: Ein im Kreise wichsen. Rich, was Sie haben, ist ansteckend.

McBride: Sag das nochmal.

Grossman: Sie sind von der Pest infiziert.

McBride: Von wem?

Grossman: Von der emotionellen Pest. Sie werden nie ein guter Redner werden. Wir werden Sie auf den Richterstuhl schicken müssen. Vielleicht als Provinzrichter.

McBride: (geht langsam auf ihn zu) Provinzrichter, hm? Haben wir dich nicht aus der Klapsmühle geholt? Weißt du, wo du enden wirst?

Joe McNultey kommt herein. Es wäre hilfreich, wenn der Schauspieler, der McNultey spielt, mehr Autorität verkörpern würde als die Untersuchungsbeamten.

McBride: Hey, Boss! Was ist los, Boss?

McNultey: (reibt sich den Nasenrücken) Wieder eine Migräne.

McBride: Ist das so etwas wie ein Kater?

McNultey: Ich habe gestern fast den ganzen Tag keinen Tropfen angerührt. Allerdings habe ich mit Dr. Hacker vom Staatsgefängnis gesprochen.

McBride: Ah, Wilhelm Reich, der Krebs-Maschinen-Verkäufer. Der jüdische Pornograph, der Inzest predigt. Wir haben eben eine Überprüfung seines Falls vorgenommen. Absolut unparteiisch, stimmt's Herbie?

Grossman: Nach unseren höchsten Standards.

McNultey: Hacker sagte mir, daß der Krebsschwindler einen Herzinfarkt hatte. (die Nachricht bewegt Grossman, eine Reaktion, die McBride irritiert)

McBride: Na, vielleicht zeigt dies, daß er ein schlechtes Gewissen hat. Hat er sich wieder erholt?

McNultey: Die erste Attacke reicht fürs Finale. Meine Leute sagen, daß du deinen Job erstklassig erledigt hast. Wenn du willst, kann ich dir das auch schriftlich geben.

McBride: Klar doch, sein Kopf wird sich in meiner Trophäensammlung gut machen. (mit imaginärem Gestus) Ach ja! Ein aufdringlicher Wilder von meiner letzten Safari. Ein Kannibale, der uns einen unsittlichen Antrag gemacht hat. (verlegen) Jedenfalls haben wir einen guten Kampf geführt.

McNultey: Ein toter Roter gewinnt keinen Preis.

Grossman: Der war weit entfernt davon ein Roter zu sein.

McBride: Sag mal, was ist mit dir heute los? Will heute keiner deinen Stengel?

McNultey:	Wenn du es wissen willst Herbie, es interessiert niemanden.
McBride:	(beunruhigt) Was sollten wir tun, Boss?
McNultey:	Ich brauche euch die nächsten paar Tage nicht. Warum macht ihr nicht ein langes Wochenende? (ab)
McBride:	Wenn das keine Dankbarkeit ist! Wer nur soll das Land retten, wenn wir in Urlaub gehen?
Grossman:	Sie können ruhig gehen.
McBride:	Dich mit ihm alleine lassen?
McNultey:	(die Bürotür öffnend) Jungs, da ist etwas, was ich vergessen habe. Ich glaube, ich werde heiraten.
Grossman:	(unwillkürlich) Das ist unmöglich!
McBride:	Du scherzt. Wer? Ich meine, wen?
McNultey:	Jemand hat mir gesagt, daß Franklin Pierce der einzige Junggeselle war, der jemals ins Weiße Haus einzog. Selbst, wenn du Außenseiter magst, Pluspunkte für meinen Sieg sind das nicht. (ab)
Grossman:	Der Chef braucht einen Rat. Vielleicht sollten wir ihn beide beraten.
McBride:	Nein, er will mich alleine sehen. Nimm du dir den Nachmittag frei. (die Hand auf der Türklinke) Wenn du nichts anderes zu tun hast, warte im Süßwarenladen auf kleine Mädchen. Wir sagen dem Richter einfach, daß du dafür nichts kannst, weil du der emotionellen Pest verfallen bist.

McBride betritt das Büro von McNultey und schließt hinter sich die Tür. Grossmans nervöse Eigenheit im Benehmen wächst, während er zögert, an die Tür zu klopfen. Aus dem Radio in McNulteys Büro beginnt es zu spielen „I Get That Old Feeling". Grossman sinkt in einen Stuhl. Die Lichter gehen aus.

2. Szene

Hinweistafel: Die Woche davor.

Eine Gefängniszelle mit einem Doppelstockbett und einer Waschgelegenheit. Leroy Johnson, ungelenk und muskulös, macht Übungen zur Stärkung seiner Brustmuskulatur. Er trainiert die ganze Szene hindurch, außer in den Momenten, in denen er einige seiner liebsten Posen zur Schau stellt. Reich, in Sträflingskleidung und in schlechtem Gesundheitszustand, sieht dem Treiben vom Bett aus zu.

Johnson: Der Seelenklempner sagt, es gibt ein neues heißes Sexbuch, von so einem Macher aus Indiana. So ein großer Macher von der Universität, weißt du? Der soll fünfzigtausend Leute bequatscht haben, nur um rauszufinden, daß die Kerle mit 18 schon abschlaffen und die Weiber erst mit fünfunddreißig richtig heiß werden. Ist also glatt ein Fehler, wenn du dich auf so eine Schnecke wirfst. Das ist mehr so, als wenn du versuchst, eine gekochte Nudel in den Arsch eines Tigers zu stecken. Und die Leute fressen diesen Humbug. Die Herren Doktoren wissen nichts über den Prügel, wenn es ums Vögeln geht. Die und ihre Selbstverwirklichung. (grapscht nach seinen Genitalien) Hier liegt die Selbstverwirlichung! Mann, ich könnte es literweise verkaufen. (gestikulierend) Und weit und breit keine Tussi in Sicht, bleibt nur der bewährte Handbetrieb. Es geht nichts über den guten alten Handbetrieb, nicht wahr, Doc? (biegt seinen Körper in Zufriedenheit) Wenn ich aus diesem Loch raus bin, werden die Pritschen nicht wissen, wie ihnen geschieht. Was Doc? Den Weibern wird es vorkommen, als seien sie an einen Zementmixer geraten, doch es wird bloß Leroy Johnson sein, der seine Nummer bringt. Gott o Gott, was für ein prächtiger Körper! Glaubst du, daß der Irrenarzt schwul ist? Alle sagen es, doch ich glaub's nicht. (kurze Pause) Was tust du Doc, wenn die Pritschen zu dir kommen und sagen, sie haben was an ihrer... na, du weißt schon? In deiner Privatpraxis, meine ich. Du läßt sie sich ausziehen, nicht wahr? Und dann? (Pause) Du schickst die Schwester nach Hause, was? (längere Pause) Dräng' dich nicht, es mir zu sagen, Doc, ich glaube, ich hab's. (kurze Pause) Du schnallst sie an, was? (gestikulierend) Du legst sie flach auf den Tisch, ganz flach und schnallst sie fest. Du schnallst ihnen die Füße fest. Und dann? (in seiner Stimme liegt Ärger) Hast du jemals einen spanischen Tickler benutzt? Hast du es jemals mit einem dicken Froschbein versucht? Hast du haitianische Nadeln benutzt? Die stählerne Bockwurst? Ich sag dir, ich könnte dich in zwanzig Sekunden fertig machen. Mit einer Hand würde ich's bringen.

(er hebt seine Hand und nimmt eine dramatische Angriffsstellung ein) Mit links. (abgelenkt durch seine Selbstbewunderung) Jesus, es ist keine Hand mehr. Es ist ein wundervolles, von Gott gegebenes Beil. Schau! Das wunderbarste Beil, das Gott je geschaffen hat. (gibt auf) Wenn ich nicht in zwei Minuten zur Gruppentherapie müßte, würde ich dir was auf die Nuß plätten, daß du es nie vergißt. (nimmt seine Übungen wieder auf) Hör' mal, ich wollte nur Kumpel sein. Du denkst vielleicht, es ist einfach, mit einem Eisberg warm zu werden (spricht im Gruppentherapie-Jargon weiter) Wir sollten einen sinnvollen Kontakt herstellen. Wir sollten so aufeinander einwirken, daß unsere Kommunikation nicht kontraproduktiv wird, damit wir wieder unseren Beitrag zur realen Welt leisten. (sieht keine Reaktion) Die Wachschwuchtel sagt, du sperrst Krebskranke in eine Kiste und redest denen ein, daß sie dadurch geheilt werden. Das ist doch kein Grund, einen berühmten Arzt brummen zu lassen. Alle sagen, daß du hier fertiggemacht wirst. Mein Onkel Benny ist an Krebs gestorben. Wir haben ihn auch in eine Kiste getan, aber geholfen hat es nichts. (versucht zu lachen, verliert das Interesse) Also haben wir ihn begraben.

Ein Gefängniswärter kommt, um die Zellentür zu öffnen, Johnson geht raus. Reich schleppt sich in Schmerzen zur Waschecke. Er scheint nahe dran, sich zu übergeben. Nachdem er den Brechreiz unterdrückt hat, bewegt er sich Richtung Fenster und starrt zum Himmel hinauf.

3. Szene

Hinweistafel: Einen Monat davor, September 1956.

Lydia Heller, unbekleidet, sitzt in einem Akkumulator. Ellen Gruhn zieht ihr Laborkleid aus und zieht ihr Straßenkleid an. Klaviermusik erklingt. Tom Reich übt in einem Nebenraum eine Etüde von Chopin.

Gruhn: Da ist es wieder.

Heller: Was?

Gruhn: Diese verräterische Phrase.

Heller: Für mein ungeschultes Ohr klingt es nicht übertrieben.

Gruhn: Ungeschult? Du spielst besser als ich.

Heller: Bitte, dann eben für mein feines Gehör. Für mein feines Gehör klingt sein Spiel nicht übertrieben.

Gruhn: Ich denke, wir sollten das Klavier abschaffen.

Heller: Es ist beruhigend.

Gruhn: Für Dich.

Heller: Wenn ich deine Ohren hätte, würde ich aus der Haut fahren. (kurze Pause) Wenn ich hier so in der Kiste sitze glaube ich, daß ich weiß, wie Willi sich fühlt.

Gruhn: Willis ist weniger beengt.

Heller: Haben wir seine Zelle gesehen?

Gruhn: Aus seiner Beschreibung scheint sie weniger beengt.

Heller: Und er hat ein Fenster.

Gruhn: Und er spaziert im Hof.

Heller: Und er hat einen Zellengenossen.

Gruhn:	Tom spielt mit...
Heller:	... mit viel Pathos. Wie Willi.
Gruhn:	Zu viel Hemmung.
Heller:	Söhne imitieren ihre Väter. Es gibt solche und solche Gefängnisse.
Gruhn:	Wie ums Herz herum. Du bist nicht ernsthaft gewesen als du meintest, im Gefängnis arbeiten zu wollen.
Heller:	Doch, das war ich.
Gruhn:	Ich will dir das einfach nicht glauben.
Heller:	Denk' an die Männer hinter Gittern. Hunderte von ihnen in einem Komplex. Kannst du dir etwas Grotesekeres vorstellen?
Gruhn:	Wir beide können es, nur wir wollen es nicht.
Heller:	Für einen freien Bürger in einem freien Land verbringe ich eine Menge Zeit damit, Leute in Käfigen, in Zellen oder Anstalten zu beobachten. Einschließlich mich selbst. Ich würde dort arbeiten. Anstatt dort Besuche zu erstatten, sollten wir an solchen Orten mindestens das Sagen haben.
Gruhn:	Lydia, ich bin bereits dem Heulen nahe. Fang nicht an.
Heller:	Solche Orte sind gedacht, um Menschen schlimmer zu machen. Jeder kann sich die erniedrigenden Frustrationen vorstellen.
Gruhn:	Ich will nichts über ihre Frustrationen hören.
Heller:	Wir könnten klarmachen, was mit ihren sexuellen Energien passiert.
Gruhn:	Niemand will das wissen.
Heller:	Ein bißchen ehrliche Forschung wäre revolutionär. (verläßt den Akkumulator und zieht ihr Kleid an)
Gruhn:	Niemanden interessiert es.

Gruhn:	Lydia, willst du etwas für mich tun, ja?
Heller:	Also?
Gruhn:	Sag nichts davon zu Willi. Kein Wort.
Heller:	In Ordnung. Kein Wort.
Gruhn:	Und hoffen wir, daß er nächstes Mal besser aussieht. Der Gedanke, daß er krank in seiner Zelle sitzt, ist mehr, als ich ertragen kann.
Heller:	Sind es Kopfschmerzen?
Gruhn:	Ja. Und sag mir nicht wieder, daß ich eine Tablette nehmen soll.
Heller:	Ich wollte gerade sagen, laß uns eine Tasse Kaffee trinken.
Gruhn:	Du weißt, daß es Zeit ist für meinen Termin. Ich dachte auch daran, daß Tom mehr davon sehen sollte wie McNultey und Company Geschäfte machen.
Heller:	Dann nimm ihn mit dir. Mach eine Entdeckungsreise mit ihm.
Gruhn:	Ich wollte dich fragen. Tom... (Klavier hört auf) Gott sei dank.
Heller:	... ist dein Sohn, wolltest du sagen.
Gruhn:	Wollte ich?
Heller:	Ellen.
Gruhn:	Können wir später darüber reden? Ich fürchte, daß ich zu spät komme.
Heller:	Ich werde auf dich warten.
Gruhn:	Vielleicht ist Chopin an diesen Kopfschmerzen schuld. Ich werde Tom zu seiner Entdeckungsreise einladen.
Heller:	Er müßte es genießen. Er mag Machtspiele.
Gruhn:	Ich auch. Vielleicht könnten wir dieses Klavier in den Wintergarten stellen. (ab)

13

4. Szene

Hinweistafel: Am selben Tag.

Ellen Gruhn und McBride befinden sich im Büro des Untersuchungsbeamten. McBride wechselt oft seine Sprachebene.

McBride: (blickt auf den Jungen im Warteraum, schließt die Tür und weist Ellen Gruhn einen Platz an) Das ist ein gutaussehender Junge.

Gruhn: Danke.

McBride: Ob das hier der richtige Ort für ihn ist, ist eine andere Frage.

Gruhn: Ja, das ist eine andere Frage.

McBride: Als unsere Leute ihr Lager ausgeräumt haben mußten sie feststellen, daß sie noch anderswo mehr Material aufbewahren.

Gruhn: Sie haben alles genommen.

McBride: Es heißt aber, Sie haben noch ein anderes Lager, eine Stunde mit dem Auto von hier. Krebsforschungsmagazin oder so.

Gruhn: Als sie in das einzige Lager unseres Institutes gewaltsam eingedrungen sind, haben sie unsere ganze Ausrüstung zerstört.

McBride: (sieht in die Akten) Institut... GmbH für Laborausrüstungen... Kinderklinik... Es ist immer das gleiche mit diesen Tarnunternehmen. Was ist mit dem Kindergarten, hat der auch ein eigenes Lagerhaus gehabt?

Gruhn: Der Kindergarten hatte kein Lagerhaus und ist, wie alles andere, kein Tarnunternehmen. Dennoch haben ihre Agenten die Kindergartenausstattung niedergebrannt, weil sie ihnen subversiv erschien.

McBride: Daraus wird keiner klug. Oder ist das europäischer Humor? Der Gerichtsbeschluß besagt, daß alles zu vernichten sei, was mit den Commgone oder Redram-Experimenten zu tun hat.

Gruhn: Orgone, nicht Commgone.

McBride:	Für uns heißt es Commgone. Hatte das Zeug nicht die Markierung: Commgone und Redram? (nimmt ihr Schweigen als Zeichen der Zustimmung) Schluß mit den Schwierigkeiten! Sie haben sich nicht nur selbst in diese Situation gebracht, Frau Gruhn, Sie haben es auch selbst zugegeben. Alles, was als Redram oder Commgone markiert war, mußte vernichtet werden.
Gruhn:	Ihre Agenten haben ebenfalls die Bücher meines Mannes verbrannt.
McBride:	Erfreut, das zu hören. Falls auf den Büchern nicht Commgone draufstand, hatten sie mit Sicherheit commgonistische Tendenzen.
Gruhn:	Selbst die Schränke und Akkumulatoren wurden zertrümmert, obgleich der Richter festgelegt hatte, daß diese nicht beschädigt werden sollen. Wissen Sie, was barbarisch ist, Mr. McBride?
McBride:	Alles korrekt nach Anordnung.
Gruhn:	Davon stand nichts in der Anordnung. Ich habe die gerichtliche Verfügung selbst gelesen.
McBride:	Mündliche Anweisungen, Frau Gruhn. Wenn dem Richter nicht sämtliche Gefahren in einem solchen Fall klar sind, dann müssen wir seine Verordnungen etwas aufbessern. Warum haben Sie Ihren Sohn mitgebracht?
Gruhn:	Tom ist der Sohn von Dr. Heller. Mein Mann ist sein Vater.
McBride:	Aha, illegitim.
Gruhn:	Vielleicht will der Untersuchungsbeauftragte entscheiden, welche menschlichen Wesen legitim sind und ein Recht haben zu existieren.
McBride:	(belustigt) Der Rest der Welt kann es treiben wie Ratten und Affen. In diesem Land achten wir auf geordnete Verhältnisse, besonders unter zwielichtigen Immigranten. Dieser Junge kann nicht elf Jahre alt sein.
Gruhn:	Er ist zehn Jahre alt, alt genug, um mit Märchen in seinem Geschichtsunterricht vollgestopft zu werden. Und ebenfalls alt genug um zu wissen, daß sie unseren Kindergarten geschlossen haben.

McBride:	Könnten Sie das übersetzen, Teuerste? Ich bin nur ein Junge vom Lande.
Gruhn:	Vielleicht sollte ich sagen, daß sie zufrieden scheinen, Ureigenschaften wie Moral und Wahrheit weit hinter sich gelassen zu haben.
McBride:	Ich weiß nicht, warum Sie die Moral ansprechen, Frau Grundy. Ich meine, Frau Gruhn. Sie sollten wissen, daß wir die ganze Moral auf unserer Seite haben. (McNultey schlendert mit einem Glas in der Hand herein. Seine Gleichgültigkeit kontrastiert die Feindseligkeit zwischen McBride und Gruhn. Er trinkt viel, jedoch ohne jedes Zeichen von Trunkenheit) Übrigens hatte ich Sie gefragt, warum Sie den Jungen mitgebracht haben?
Gruhn:	Und ich hatte Ihnen geantwortet, obwohl Sie weiterhin die falschen Fragen stellen.
McBride:	Sie sind ein bißchen spät, gnädige Frau. Mit dem Katechismus bin ich fertig, seit ich zwölf war.
Gruhn:	Solange Sie sich weiter vor Ihrem Körper fürchten, werden Sie nicht im Stande sein, auf die richtigen Fragen zu kommen.
McBride:	Sie wissen nicht, wann Sie mit Ihrem Akt von Allwissenheit aufzuhören haben, nicht wahr?
Gruhn:	Wenn man einen Zuchtmeister an sein Verlangen erinnert, dann möchte er sie vor Angst umbringen. Er will sie nicht nur einmal umbringen, er will es immer wieder, es ist ein Ritual, solange er lebt.
McBride:	Sagen Sie, Sie sind nicht vielleicht ein Masochist? Bei all den Schwierigkeiten, in denen Ihre Familie steckt, sind Sie vielleicht alle Masochisten. Jedenfalls ist hierzulande alles rechtens. Wir haben die größte Show auf Erden.
McNultey:	Frau Reich, welches Land denken Sie ist die Nummer eins?
McBride:	Eine anständige Frage, die eine anständige Antwort verlangt.
Gruhn:	(die Sprossen einer unsichtbaren Leiter andeutend) Nummer eins?

McBride:	Yeah, das Großartigste. Wirklich die Spitze.
McNultey:	(amüsiert) In unserem Bericht wird es heißen müssen, daß Sie trotzig und unkooperativ blieben.
McBride:	Vielleicht sollte die Anklage auf verbohrt und sarkastisch lauten.
McNultey:	Oder fanatisch und gefährlich.
Gruhn:	Ihre Frage ist unklar. Vielleicht wollen Sie wissen, welche Gesellschaft die meisten Menschen zu narkotischer Abhängigkeit drängt. Oder welche Gesellschaft die meisten Kinder zerstört. Aber vielleicht meinen Sie, welche Gesellschaft die meisten Verbrechen mit Schußwaffen zu verzeichnen hat.
McNultey:	(gelangweilt) Sie schneiden sich ins eigene Fleisch, gnädige Frau. Sag mal, hast du die Karten bekommen?
McBride:	Ich habe drei Dutzend Karten für das Notre-Dame-Spiel bekommen und vier Dutzend für das Army-Navy-Spiel.
McNultey:	Prächtig, ganz prächtig.
Gruhn:	Darf ich sagen, daß Sie beide die Nummer eins sind? Wirklich Spitze.
McBride:	Das ist schon besser, Frau Grundy, ich meine, Frau Gruhn.
McNultey:	Genau das, was Tante Tilly immer sagte: Dieser Junge ist Nummer eins, wahrlich ein Goldjunge. Wenn Tante Tilly heute noch lebte, sie würde sich zu Tode amüsieren.
McBride:	(legt die Akten in eine Schublade) Wir werden Sie nochmal vorladen, bevor wir unseren Bericht fertigstellen. Sollten sie die Stadt verlassen, ohne uns vorher Bescheid zu geben, dann dürfen Sie mit wirklich lustigen Überraschungen rechnen.
Gruhn:	(im Stehen) Bitte grüßen Sie Herrn Grossman von mir. Wir vermissen seine loyalen Ratschläge.

McNultey:	Er wird sich ebenfalls zu Tode amüsieren. (Gruhn geht, ohne die Tür zu schließen. Die Lichter gehen allmählich aus) Das verlangt einen Doppelten. Für dich auch einen? (McBride nickt. McNultey schenkt die Getränke ein)
McBride:	Die gehört genauso in den Knast, diese Kraut-Gesichts-Schlampe.
McNultey:	Mach mal halblang, Hübscher. Meine Großmutter kam aus Bayern.
McBride:	(alarmiert) Jesus, kein Scherz! Ist das in Deutschland? (Grossman erscheint an der offenen Tür, bleibt jedoch von den zwei Männern unbemerkt)
McNultey:	Keiner weiß das so genau. (er nippt bedächtig an seinem Drink) Jedenfalls wußte sie es selber nicht so genau.
McBride:	Hey, Boss, das soll keine Beleidigung sein. Jesus! Bayern, immerhin.
McNultey:	Schon gut, Hübscher. Machen wir weiter.
McBride:	Wir waren viel zu nachgiebig mit ihr. Ihren durchgeknallten Rammler-Gatten sollten wir gar nicht wieder aus dem Loch lassen.
McNultey:	Sie ist eine nasse Henne und er ist ein kastrierter Hahn.
McBride:	Yeah, das ist es. Bayern eben. Gutes, altes Bayern.
McNultey:	Wir müssen größere Vögel kassieren, größere Vögel, Junge, oder wir können die Jagd abblasen.

Sie betreten das Büro von McNultey und schließen die Tür, ohne Grossman zu bemerken. Die Verachtung der beiden Kollegen für Ellen Gruhn reißt bei ihm eine alte Wunde wieder auf. Das Licht nimmt weiter ab.

Grossman:	Eine nasse Henne und ein kastrierter Hahn. Wir werden die kassieren, großer Mann, auf die Weise, wie ihr mich kassiert habt. Ich werde wie ein Fußabtreter die Drecksarbeit machen und Rich wird mit der Presse flirten und Sie werden markige Reden halten, wie der Richter, der dem Gutgläubigen einen fairen Prozeß verspricht. (erschüttert) Und ich... ich werde... von nun an wird Herbie ergeben sein. Hausdiener Herbie, dummer August, Mario- nette bei der faschistischen Revue. Herbie wird ergeben sein,

großer Mann. Ihr denkt, daß der Feind das Problem ist, wartet nur, bis ihr Herbies Ergebenheit zu spüren bekommt. Senator, ihre Stimme ist keifend, ihr Geschmack grob, ihr Gesicht mißlungen, ihre Moral barbarisch, ihre Ignoranz ist krankhaft, und Herbie wird Ihnen die Show stehlen. Herbie ist Ihr Junge, großer Mann. Wenn ihr ihn nicht an der Vordertür wollt, dann klopft er an der Hintertür. Wenn ihr ihn an der Hintertür nicht nehmt, dann kommt er mit der Brechstange durchs Fenster und nimmt das ganze Haus. Er wird sich so tief in die Sache verbeißen, daß nicht mal das Messer eines Chirurgen ihn da rausschneiden kann. (ab)

5. Szene

Hinweistafel: August 1956.

Besucherraum in einem Bundesgefängnis. Ein Gitter trennt die Stühle der Häftlinge von denen der Besucher. Heller und Gruhn warten auf Reich.

Heller: Das war das letzte Mal, daß du den Wein bestellt hast.

Gruhn: Mir hat er geschmeckt.

Heller: (mit Schluckauf) Weil du deinen mit Wasser vermischt hast.
            Bist du nervös?

Gruhn: Sieht man es mir an?

Heller: Überhaupt nicht. Du bist wunderschön. Ich bewundere dich.

Gruhn: Ich bin nervös.

Heller: Ich auch.

Gruhn: Diese Mauern würden jeden nervös machen.

Heller: An der Ausstattung müssen die eine Menge Geld gespart haben.
            Weißt du was, ich glaube, wir sind zu aufgepeppt.

Gruhn: Mach' keinen Scherz.

Heller: Ich fühle mich aufgepeppt.

Gruhn: Du weißt immer, wann du zuviel trinken sollst. Außerdem würde
            uns Willi nicht im Büßerhemd sehen wollen.

Heller: (mit Schluckauf) Auch nicht in Kartoffelsäcken. (atmet tief ein, um
            den Schluckauf zu kontrollieren, sieht sich um) Es ist erstaunlich,
            wie wenig ein Mensch zum Überleben braucht.
            Ich fühle mich immer noch aufgepeppt.

Gruhn: Du hast gut mehr als die Hälfte des Weines getrunken.

Heller:	Es tut mir leid, daß ich nicht mehr getrunken habe. Gott, was für ein Ort! Überlege mal, wieviele Anwälte und Richter sie hier reinstecken können. Na, Ellen, nur Mut!
Gruhn:	Ich hoffe, daß er etwas besser aussieht.
Heller:	Wie könnte er? Jeden, den wir bis jetzt gesehen haben... naja, du siehst selbst, wie sie aussehen.
Gruhn:	Krank oder wahnsinnig, such es dir aus.
Heller:	Nichts als enge Unterkünfte, um das Beste aus den Menschen rauszuholen.
Gruhn:	Zum letzten Mal, Lydia. Keine störenden Themen. Ich werde die ernsten Sachen besprechen und du... du kannst bezaubernd sein.
Heller:	(mit Schluckauf) Sofern ich nicht vorher flügellahm werde.
Gruhn:	Aber vergiß nicht, wir sind hier, um ihn zu ermutigen. Willi nimmt alles zu ernst.
Heller:	Alles? (kurze Pause) Nimmt er uns auch zu ernst?
Gruhn:	Ich glaube nicht. (Reich kommt, von einem Wärter begleitet, herein. Wie zuvor ist er von der Gefangenschaft gezeichnet)
Heller:	Arzt, heile dich selbst!
Gruhn:	Lydia!
Heller:	In Ordnung. Ich werde umwerfend sein. (mit Schluckauf) Ich meine bezaubernd.
Reich.	Ihr beide seht bezaubernd aus.
Gruhn:	Und, wie geht es dir?
Reich:	Gut, gut. Ich schreibe wieder, trotz der Brustschmerzen. Ich schreibe jetzt fast jeden Tag. Deinen Brief habe ich gestern bekommen. Ihr beide wißt, wie man einen Mann ermutigt.

Gruhn:	Geben sie dir deine Medikamente? (Reich zuckt mit den Schultern) Wird der Psychiater nicht helfen?
Reich:	Der Psychiater sagt, daß, wenn der Arzt entscheidet, die Medikamente zurückzuhalten, wir nicht paranoisch den Gründen des Arztes mißtrauen müssen.
Heller:	Die meisten Psychiater denken, daß zu viele Frauen in unserem Institut arbeiten. Ihre erste Frage ist, was macht er mit all den Frauen?
Reich:	Es mag nur ein Zufall sein, dennoch, das Buch, das ich begonnen habe, handelt ebenfalls von Frauen. Es handelt von den unermeßlichen Chancen, die ich für Frauen sehe, wie sie das wieder aufbauen können, was Männer zerstört haben. Ihr beide kommt darin vor. Auch unser Sohn ist drinnen. Seite für Seite werdet ihr euch wiedererkennen. Es wird ein großes Buch werden, größer als CHARAKTER ANALYSE. Größer als DIE FUNKTION DES ORGASMUS. Es wird ein immenses Buch. (kurze Pause) Schöpfung.
Gruhn:	Schöpfung?
Reich:	Ich nenne es Die Schöpfung.
Heller:	Keine falsche Bescheidenheit im Titel.
Reich:	Ich schreibe nicht irgendwelche Diagramme oder mathematische Formeln nieder. Du weißt, was mit ihnen passieren könnte. Ich organisiere stattdessen Ideen, die schwieriger zu stehlen sind. Als ein Testament. Die letzten Worte eines politischen Gefangenen.
Gruhn:	Es ist nicht dein Testament. Du wirst noch mehr Bücher schreiben.
Reich:	Du weißt, wie es die Gedanken erregt, wenn man eingesperrt ist, die Gedanken sind jedoch mild im Vergleich mit meinen Träumen. Oder woran ich erinnert werde. Nichts Imposantes in den Erinnerungen. Eher Zwischenfälle während Familienessen oder meine ersten Schuljahre. Manchmal ist das zum Kaputtlachen komisch. Manchmal ist es traurig, und ich wünsche zu weinen. Erinnerungen. Einen Lehrer, den ich enttäuscht habe. Eine alte Frau, die ich belogen habe. Ein Mädchen, das ich beleidigt habe als ich neun war! Oder die Depressionen, die ich überwinden mußte, als ich

Anfang zwanzig war. Vor ein paar Tagen als der Psychiater zu mir sagte, daß ich eine Abwehrhaltung zeige, habe ich ihn gefragt ob er wüßte, wo das Konzept eines Abwehrmechanismus seinen Ursprung hat.

Heller: Sein Gedächtnis auffrischend, nicht wahr? Fortbildung für Bürokraten. Schärfung seiner repressiven Fähigkeiten.

Gruhn: Lydia, Liebes.

Reich: Vielleicht spüre ich meine Jahre, aber ich habe ihm gesagt, daß ich seinem Beruf dieses Konzept verschafft habe, während unserer wöchentlichen Treffen in Freud's Haus, im Winter 1926. Der Psychiater, Dr. ...

Gruhn: Hacker.

Reich: Ja, Hacker sagte, daß es nicht im geringsten zähle, wo das Konzept seinen Ursprung hat, was zählt, ist sein gegenwärtiger Gebrauch.

Gruhn: Kannst du ihn nicht meiden? Solche Menschen können nur schaden.

Reich: Privatsphäre steht hier hoch im Kurs. Was mich an meinen neuen Zellengenossen erinnert. Er hat einen Stau, den man noch von der entlegensten Stelle des Gefängnishofes sieht. Dieser Zellengenosse ist meine Belohnung, wie die Oberen es hier nennen. Anstatt einer Begnadigung vom Präsidenten oder des Nobel-Preises, ein Verbrecher namens Leroy, ein infantiler Sadist, der konstante Aufmerksamkeit verlangt.

Gruhn: Worüber spricht er?

Reich: (ohne es selbst zu merken, deprimiert) Über das, was er Bodybuilding nennt, und das, was er Pritschen bumsen nennt. Seltsam, wie ein einziges Themenpaar genügen kann.

Gruhn: Es scheint mir fies, daß du nicht alleine sein darfst.

Reich: Ich weiß. Ich weiß auch, was ihr mir nicht sagen wollt. Sie haben unsere Bücher verbrannt. Denkt nicht daran. Es war wenig zu machen, nachdem sie unsere Berufung zurückgewiesen hatten.

Gruhn:	Bundesagenten haben das Meiste aus der Bibliothek auf einen Lastwagen geladen und alles zu einem Verbrennungsofen gefahren.
Heller:	Deine Bücher wurden als „Werbeschriften" für den Akkumulator klassifiziert, inklusive der, die du fünfzehn Jahre vor der Existenz des Akkumulators geschrieben hast.
Reich:	Der Richter hatte nichts davon verstanden.
Heller:	Hat er nicht? (deutet auf die Umgebung) Sühne in einer Sühne-anstalt. Unendliche Sühne. Die wissen genau, was sie zerstören, wenn sie anklagen und verurteilen. Schuld und noch mehr Schuld. Wenn einer versteht, wie dieser Richter versteht, dann ist das Gesetz eine furchtbare Waffe. (der Wärter tippt auf seine Arm-banduhr)
Reich:	(bewegt) Sag meinem Sohn, daß ich ihn vermisse. Sag ihm...
Gruhn:	(ebenso bewegt) Wir werden versuchen, das nächste Mal bessere Neuigkeiten mitzubringen.
Reich:	Ellen!
Gruhn:	(versucht nicht zu flehen) Willi, es dauert nicht mehr lange.
Reich:	Es wird immer schlimmer.
Gruhn:	Nur noch ein wenig, Liebling. Und denke an deine Medizin. Bestehe darauf, deine Medizin zu bekommen. (der Wärter führt Reich weg. Zu bewegt von dem Besuch um sich zu zügeln, wendet sich Reich mit einer spöttelnden Ankündigung an den Wärter)
Reich:	Es gibt etwas, was jetzt alle wissen sollten. Auch der Gouverneur. Und der Präsident. Energieströme gehen der Sprache voraus. Erotischer Strom entsteht, bevor Warnungen ihren Effekt erreichen, vor jedem „stop das" oder „nicht berühren". Energie formt unseren Charakter bevor wir denken können „das ist schlecht" oder „das ist gut". Wenn wir in Jemandens Energieströme eindringen, dann setzen wir eine Kraft in Bewegung, wie es keine Sprache kann. Gesegnet ist das Kind, das diese Ströme intakt behält. Verstehen Sie das? Sagen Sie dem Gouverneur, es gibt nichts Wichtigeres, weder Atombomben noch Raketenstarts noch Fort Knox. Laßt euch nicht zermürben. Dieser Ort könnte jedem seinen

	Lebensmut rauben. (Reicht geht zu seiner Zelle, der Wärter folgt ihm)
Gruhn:	Sonderbar, dieser Wärter erinnert mich an einen Kellner vom Hofgarten. Erinnerst du dich? Das Hotel Wien?
Heller:	Ich erinnere mich an die Tische unter den Bäumen, jedoch nicht an die Kellner.
Gruhn:	Die wunderbaren Bäume. Sonntagskuchen und Kaffee im Hofgarten. Dazu all die Tanten, Onkels und Cousinen, die meisten von ihnen inzwischen ermordet. Der Hofgarten scheint Teil einer anderen Welt zu sein.
Heller:	Das sind viele Bahnstationen zurück. Wien, Berlin, Kopenhagen, Oslo, New York, Rangely. Eine enorme Reise, um an einem Ort wie diesem zu landen.
Gruhn:	Ein beträchtlicher Weg.
Heller:	Der Sieg geht an die mit den größten Bataillonen. (kurze Pause) Gibt es einen Ausweg, Ellen?
Gruhn:	Ich habe ihn. Wir beiden haben ihn. (zeigend) Da gehen wir raus. (sie gehen raus)

6. Szene

Hinweistafel: Drei Monate früher: Mai 1956.

Reich betritt das Büro von Peter Hacker, Gefängnispsychiater. Ungeduldsgestik suggeriert, daß Hacker eine Wut unterdrückt.

Hacker: Na, Dr. Reich?

Reich: Na, Dr. Hacker?

Hacker: Nun, ich muß mit Ihnen reden. Wie geht es Ihnen?

Reich: Sie wissen, wo wir sind. Sie sehen, was hier vorgeht.

Hacker: So, so. Sie fühlen sich immer noch drangsaliert, wie ich sehe.

Reich: (sitzt) Etwas weniger, seit der Spion von Zellengenosse entlassen wurde.

Hacker: Ich bedaure, daß Sie denken, jeder sei hier darauf aus, Ihnen nach-zuspionieren. (bekommt keine Antwort) Dr. Reich, Sie sind ein seriöser Mann. Wir würden Sie gerne so behandeln, wie Sie es verdienen.

Reich: Dann habe ich mein Gesuch ja zum günstigsten Zeitpunkt gestellt.

Hacker: Ich kann Ihnen nicht folgen.

Reich: Für die Erlaubnis ein Buch zu schreiben.

Hacker: Was für ein Buch?

Reich: In einem meiner früheren Bücher wies ich nach, wie die besten Qualitäten in jedem von uns zerstört werden. Jetzt möchte ich aufzeigen, wie unser Potential ...

Hacker: Ach ja. Die Ermordung von Christus. Ein Insasse hat mir empfohlen es zu lesen. Ich habe zehn Seiten versucht und beschloß dann, daß es zu metaphysisch für mich sei.

Reich: Zu metaphysisch.

Hacker:	Vielleicht sollte ich sagen zu provokativ-subversiv-unprofessionell.
Reich:	In Deutschland haben sie meine Bücher verbrannt. Ich habe nicht gedacht, daß es auch hier geschehen könnte.
Hacker:	Der Chef hat kein Gesuch, um ein Buch zu schreiben, erwähnt. Er hat mich jedoch gebeten, Ihnen eine Nachricht zu überbringen. (gibt Reich einen Brief) Es geht um Ihr Gnadengesuch an den Präsidenten.
Reich:	(nach dem Lesen) Der Präsident muß ein sehr beschäftigter Mann sein. Zwei Sätze.
Hacker:	Glauben Sie, daß er entscheidet? Glauben Sie, daß er diesen Brief gelesen hat, bevor er ihn unterschrieb?
Reich:	Ich glaube an unser System, insbesondere an das Gesetz. Ich glaube an demokratischen Konsens. Seltsamerweise habe ich sogar als Jurastudent angefangen.
Hacker:	Unser System? Ah, ja, unser Justizsystem. Naja, wenn Sie mit uns kooperieren...
Reich:	Zeigt mein Gesuch ein Buch schreiben zu dürfen, einen Mangel an Kooperation?
Hacker:	Tja, ich meine Kooperation! Uneingeschränkte Beteiligung an unserem Vorhaben... vorbehaltloses Entgegenkommen. (verärgert) Eigentlich war es etwas anderes, worüber ich mit Ihnen reden sollte. Wie Sie vielleicht schon gehört haben, ist unser Vorhaben Versuche durchzuführen, bei denen, die sexuelle Reaktion unter den Bedingungen von chronischer Enthaltsamkeit studiert werden soll, mit Bundesbeschluß bewilligt worden. Dafür müssen wir ein Labor einrichten. Die Vorbereitungen gehen gut voran und die Männer sind gierig darauf loszulegen.
Reich:	Enthaltsamkeit? Manche der Gesichter, die mir hier begegnen, sehen ausgelaugt aus.
Hacker:	(mit Unbehagen) Es ist nicht ganz unwahr, daß Frustration, wie sie sich in Gefängnissen einstellt, ein gestörtes Verhalten verursachen kann. Größtenteils nur vorübergehend, selbstverständlich.

Wenn das auf einer einsamen Insel passiert, warum sollte es nicht auch hier passieren? (ärgert sich über sich selbst, wegen seines Lachers) Dennoch meine ich, daß fast alle unserer Männer hier normal sind, wenn sie uns verlassen. Wir werden ihnen entsprechende Fotos und Pornofilme zeigen, während wir alle physiologischen Vorgänge lückenlos aufzeichnen. Dann beobachten wir die Veränderungen beim Onanieren. Zum Schluß der Versuche laden wir die Gefangenen zu Interviews ein, um die Testergebnisse zu vervollständigen. Ich möchte gerne wissen, ob wir mit Ihrer Unterstützung rechnen können.

Reich: Bei dem, was Sie mir erzählen, bin ich sicher, daß der beste Berater nicht viel retten kann.

Hacker: Sie verstehen mich nicht richtig, wir hoffen, daß Sie sich als Testperson zur Verfügung stellen. (kurze Pause)
Wir haben Mangel an Gefangenen in Ihrer Altersklasse. (kurze Pause)

Reich: Seien Sie sicher, daß ich keiner lebenden Seele etwas von Ihrem Vorschlag erzählen werde.

Hacker: Ich sehe keinen Grund für Geheimnisse. Das ist eine Sache von wissenschaftlichem Fortschritt. Nun, Sie brauchen mir Ihre Unterstützung nicht gleich zuzusichern. Wir sprechen später nochmal darüber.

Reich: Danke, das möchte ich lieber vermeiden.

Hacker: Was ist mit Dr. Dreckmann und Dr. Pullet aus dem D-Block, sie haben beide zugestimmt.

Reich: Ihre Ärzte sind Schall und Rauch, solche Ärzte sind weder hier noch dort.

Hacker: Laut Informationen, von denen ich Grund habe, sie als verläßlich anzusehen, befinden sich Dr. Dreckmann und Dr. Pullet im D-Block.

Reich: Dr. Hacker, in Ihrer Art Sexualforschung liegt soviel Hoffnung, wie in Ihrer Art von Psychiatrie. Beide könnten morgen verschwinden und die Welt würde nicht ärmer sein.

Hacker:	So, so. Ich sehe, Sie brauchen mehr Zeit, um reiflich über meinen Vorschlag nachzudenken.
Reich:	Normale Insassen. Reifliches Überdenken. Keiner in Ihrer Branche gibt eine Definition von Normalität oder von Reife oder von sexueller Gesundheit - und das aus dem guten Grunde, weil sie keine haben. Wenn sie mich nicht bitten zu kooperieren, dann werde ich Sie auch nicht bitten, Ihre Ignoranz zu gestehen.
Hacker:	Wir erwarten, daß Sie bei den Versuchen mitmachen. Der Schutz der Privatsphäre genügt den aktuellsten Standards. Wie ich sagte, denken Sie darüber nach, Sie haben ja genügend Zeit. Hier entkommt keiner. (Reich verläßt den Bürobereich, bleibt nach einigen Schritten stehen und greift sich in Schmerzen an seine Brust. Nur nach und nach richtet er sich auf und beginnt, seine Brust zu massieren. Er wirkt geschwächt) Sie haben also auch Jura studiert. (er kämpft mit seiner Wut, um ein imaginäres Gespräch in einem gelassenen Ton zu Ende zu führen) Ich dachte, Sie wären zufrieden, ein Psychoanalytiker, ein berühmter Forscher, ein Ökologe, ein Biologe, ein Physiker, ein Wetterexperte, ein Wolkenauflöser, ein revolutionärer Autor und ein Krebsgenie zu sein. Herr Reich, niemand kann all das sein, was Sie angeben zu sein. Dann kritisieren Sie unsere Forschung. Als ob da etwas falsch wäre mit unseren Instrumenten. Als ob unser Konzept von Normalität unklar wäre. So! So! Und was ist mit Ihrem Konzept, mit dem Sie sich brüsten? Ihr Orgone, was macht es? Sie sind jetzt keine große Nummer mehr, Herr Reich, mit Ihrem Körpersprachen- und Charakterpanzer-Nonsens. Das ist Paul Schilder und Wagner-Jauregg und falsch verstandener Freud, alles alte Hüte! Sie behaupten, eine neue Energie entdeckt zu haben, na und? Ihre Art zu denken ist erledigt. Sie sind in keinem Buch über Medizin zu finden. Sie stehen in überhaupt keinem Buch. Es wird Sie nirgendwo mehr geben, weggefegt von der zivilisierten Landkarte.
Reich:	Die meisten Herzleiden kommen von gebrochenem Herzen. Der Arme Feather wird noch denken, daß die Regierung damit einen Mord zu verantworten hat.

Der Wärter nähert sich mit Leroy Johnson. Reich und Johnson geben sich die Hände.

Johnson: Doc, ich bin Leroy Johnson. Dein neuer Zellengenosse. Die Jungs nennen mich Stimmungskanone Leroy. Der Chef sagt, daß du trübsinnig bist. Er meint, eine solche Frohnatur wie ich könnte dir ungeheuer gut tun. (Licht aus)

7. Szene

Hinweistafel: Gleicher Tag: Mai 1956.

Gruhn und Heller im Labor.

Gruhn: Colin Dimpel kommt morgen Nachmittag. Der Engländer, der darauf besteht, ein Buch über Willi zu schreiben.

Heller: Morgen ist ein guter Tag. Ich werde wahrscheinlich nicht hier sein.

Gruhn: Dir wird ein ungewöhnlicher Mann entgehen. Er meint, mit ein bißchen Kooperation hätte Willi jetzt einen Posten ganz oben im Lebens- und Arzneimittelministerium, anstatt im Gefängnis zu sitzen. In seine jetzige Lage hätte Willi sich selbst gebracht. All die Betrügereien und Verschwörungen wären Willis eigene Schuld.

Heller: Cleverer Engländer. Es war besonders clever von ihm sich zu entscheiden, bevor er sich über die Sachverhalte im Klaren war.

Gruhn: Anscheinend denkt dieser Dimpel, daß wir verpflichtet sind ihm zu helfen, unser eigenes Werk anzugreifen. Na laß ihn sagen, was er denkt. Ich mach mir keine Sorgen mehr um Willis Ruf.

Heller: Warum sagst Du sowas?

Gruhn: (aufkommende Wut) Schuld, glaube ich.

Heller: Wir werden angegriffen und du fühlst dich schuldig. Was macht das für einen Sinn?

Gruhn: Überhaupt keinen Sinn. Schuldgefühle sind sinnlos, doch...

Heller: Wir sind hier, und er ist da drin.

Gruhn: Na, da bist du mir wieder voraus. Wir sind hier, er ist da drin. Willi nimmt die Schuld auf sich, auch für uns, für unsere Arbeit, und wem nehme ich das am meisten übel? Willi. Ich nehme es Willi übel.

Heller: Weil er uns verlassen hat?

Gruhn: Weil er diesen Schwindel zugelassen hat. Weil er uns verlassen hat. Es ist zum wütend werden. Nichts stimmt mehr. Es ist so, als ob mit uns allen was nicht stimmt.

Heller: (trocken) Zu viel Vibrato, Ellen. Jeder, der bestraft wird, fühlt sich schuldig. Das ist deren Spiel.

Gruhn: Das ist Willis Stimme. Wie hat er dich überhaupt davon überzeugt?

Heller: Ich hatte es schon in den Knochen, bevor ich es von ihm hörte. Strafe kommt vor Schuld. Irgendein halbgarer Journalist schmiert eine Attacke hin und du fühlst dich schuldig.

Gruhn: Du und Willi seid unter demselben Zeichen geboren.

Heller: Deswegen finden wir dich beide liebenswert.

Gruhn: Strafe verursacht Schuld. Aus irgendeinem kopfzerbrecherischen Grund erinnert mich das an Grossman.

Heller: Es macht einen schwermütig.

Gruhn: Und ich wollte ihm helfen.

Heller: Die Pest in ihrer akuten Form. Massenmorde ohne Leichen.

Gruhn: Mir wird übel bei diesem Wort.

Heller: Mir auch. Immer noch das gleiche Geschäft wie stets, blanker Mord und das perfekte Verbrechen, alles in einem.

Gruhn: Nein, ich meine „Pest". Es ist eine von Willis Übertreibungen. Es hilft nichts, sie als Pest zu sehen. Es erinnert mich an den Todesinstinkt.

Heller: Du bist reizend, Ellen. Du magst das nicht, also sollten wir es vergessen.

Gruhn: Ich bin mir nicht sicher, ob Willi das nicht einfach von Freud übernommen und es in einer veränderten Form neu belebt hat.

Heller: Und was ist, wenn er es getan hat?

Gruhn:	Ich mag das nicht.
Heller:	Ich habe ein unangenehmes Gefühl, daß sie beide recht haben. Da bleibt keine Wahl. Todesinstinkt und emotionelle Pest.
Gruhn:	(immer noch ärgerlich) Stagnation. Monotonie. Pessimismus. Wenn ich keine Hoffnung hätte, könnte ich nicht weiter arbeiten. Wie kannst du gewöhnliche Menschen anschauen und Pest diagnostizieren?
Heller:	Ich weiß, daß wir das können. Und du weißt, daß wir es können.
Gruhn:	Einer von Willis schlimmsten Fehlern, seine Bereitwilligkeit zu glauben.
Heller:	Er hat weder an politische Parteien geglaubt noch an einen Nationalismus oder an den Krieg.
Gruhn:	Aber eben an fast alles andere. Zuallererst an die Psychoanalytiker, was für unterwürfige Hunde sie auch waren. Dann an seine Anhänger. Jetzt an diesen Richter. Nun an den hohen Gerichtshof und dieser Brief an den Präsidenten.
Heller:	Es sei denn, sie wären kleine Kinder...
Gruhn:	... die leichter ans Kreuz zu schlagen wären. Ein echter Gläubiger. Die Anklage hätte sehen müssen, daß sie einen von ihren eigenen Leuten kreuzigt.
Heller:	Um Gottes Willen, Ellen!
Gruhn:	(weniger ärgerlich) Behaupte das Schlimmste, aber verlange das Beste. Was für eine Formel.
Heller:	Es ist eine Formel für...
Gruhn:	Für Unheil.
Heller:	Für die Art, wie wir jetzt leben. (kurze Pause) Und wir überleben.
Gruhn:	Tun wir das?

Heller:	Wir arbeiten. Wir sehen Patienten. Wir sprechen miteinander. Bald wird es Zeit für Toms Klavierstunde. Morgen sehen wir den umnachteten Engländer. Übermorgen öffnet die Kinderklinik um neun.
Gruhn:	Du erinnerst mich an Willi.
Heller:	Du erinnerst mich an deinen Vater.
Gruhn:	Er sollte mich jetzt sehen.
Heller:	(kurze Pause) Merkst du nichts Seltsames?
Gruhn:	Dutzende von Sachen.
Heller:	Über unser Gespräch, meine ich.
Gruhn:	Das übliche. Du hast mich gequält.
Heller:	Dann akzeptierst du das.
Gruhn:	Nein, ich tue es nicht. (kurze Pause) Was akzeptieren?
Heller:	In der Vergangenheit zu leben. Wenn wir uns um Willi Sorgen machen, sind es meistens Erinnerungen. Willis Ideen. Seine Entdeckungen. Alles Erinnerungen. Willi, der sich selbst belog, der das Gesetz ernst nahm. Glauben an Vaterfiguren, die die richtigen Dinge tun würden. Und jedesmal, wenn Willi sich zum Narren machte, machte er auch uns zu Narren. Wir dachten, wir würden so vieles haben können. Willi erinnert uns an das, was wir am meisten wollten. Willi und sein Ruhm. Sein Kreuzzug. Größtenteils Erinnerungen. Wir sprechen meistens von dem, was wir hatten oder dem, was wir dachten zu haben. Von dem, was ausscherte, an uns vorbeizog und verschwand. Für immer verloren. (deutet auf ihren Kopf) Außer hier. Erinnerungen.

8. Szene

Hinweistafel: Derselbe Tag, Mai 1956.

McNultey, McBride und Grossman befinden sich im Büro. Sie trinken und ergötzen sich an ihrem Lieblingsritual, einem Spiel, bei dem sie sich frei in Phantasien bewegen. McNultey und Grossman entwickeln dabei eine Vertrautheit, welche sonst zwischen McNultey und McBride offensichtlich ist. Obwohl sie ihre Rollen und Sprechweisen wechseln, bleiben sie ein Gespann, wodurch McBride ausgeschlossen bleibt. Wenn Grossman die Rolle des Richters einnimmt, schaut McNultey mit väterlichem Wohlwollen zu. Grossman tauscht jedesmal, wenn er von der Rolle als Richter in die des Anklägers wechselt, den Platz.

McBride: Was meinst du mit „ein Demokrat vom linken Flügel"?
             Er ist ein süßer Bursche, obwohl er meine Cousine geheiratet hat.

Grossman: Wenn du ihn magst, dann gibt es Gründe ihm zu mißtrauen.

McBride: (übertrieben) Er gehört zur Familie. Er braucht uns so, wie wir ihn brauchen.

Grossman: Gib zu, daß er nicht loyal ist. Gib zu, daß er sich weigert,
             seine Haltung zu revidieren.

McBride: (ahmt Grossmans nervöse Art nach) Haltung zu was? Zu Dir?

Grossman: Zu unserer Einrichtung. Gib doch zu, daß seine kontraproduktiven
             Neigungen unserem Ziel schaden. Worüber habt ihr gesprochen,
             als du ihn letztens gesehen hast?

McBride: Mal langsam. Bei jedem Opfer, das ich wähle, schmeichle ich mich
             zuerst ein.

Grossman: Das widerspricht dem Vertrag.

McBride: Einen Vertrag habe ich nie unterschrieben.

Grossman: Du brauchst den Vertrag nicht zu unterschreiben, Schwachkopf, du
             bist ein Bestandteil davon, indem du geboren wurdest, sozusagen
             gegen das bessere Wissen der meisten Mitbürger. (vorgetäuschte
             Aufgebrachtheit) Recht auf Privatheit, Recht auf Vereinigung,
             Recht auf Abtreibung und auf obszönes Treiben.

Als nächstes wirst du ein Recht auf medizinische Behandlung fordern, nur weil du ein perverser Akademiker bist. McBride, deine Art zu denken stärkt den Feind. Du bist angeklagt wegen versuchter Rebellion und deiner widerlichen Akne.

McBride: Hey, was ist das hier, eine Inquisition der Pfadfinder? Ich laß mich hier nicht unter Anklage stellen. Anklagen will ich selbst.

Grossman: Nein, du stehst unter Anklage. Letztes Mal war ich angeklagt.

McNultey: Beruhige Dich, du hast den besten Anwalt im Lande. Wenn du einige Dokumente unterschreibst, ohne nach dem Inhalt zu fragen, beweise ich, daß du gar kein solcher Aufrührer bist, wie sie dir vorwerfen.

Grossman: (in Rednerpose) Ich bin ganz krank und müde, und ich bin sicher, daß alle anständigen Amerikaner ganz krank und müde sind, allein vom Hören, er habe positive Charakterzüge. Das Volk hat ein Recht, die ganze abscheuliche Wahrheit zu erfahren.

McBride: Ach was, ich bin Akademiker. Etwas Wichtiges kann ich nicht getan haben.

McNultey: Auf das Tun kommt es überhaupt nicht an, es geht um das, was du fühlst, was du denkst, was du träumst.

Grossman: Eben das, was ehrliche Nachbarn in deinen Augen sehen.

McBride: Hey, ich habe nie abartige Gedanken gehabt. Höchstens manchmal zu Vollmond nehme ich vielleicht einen Krimi zur Hand.

Grossman: Der ist wirklich akademisch. Dein Pimmel ist schon im Gefrierfach.

McNultey: Ein Plus für Dich, Söhnchen. Wenn du nur Krimis liest, vertreibst du dir mit guten Absichten die Zeit.

Grossman: Erzähl uns was über deinen Lieblingsmord. Erzähl uns, wo die Leiche gefunden wurde und warum du es auf diese Art magst.

McNultey: (wie ein Arzt, der eine gründliche Untersuchung vornimmt) Welcher Art waren deine physischen Empfindungen? Wo waren sie am angenehmsten? Wir wollen es aufzeichnen, als Breitwandfilm.

McBride:	(mit gespielter Verzweiflung) In Ordnung. Klagt mich an, aber denkt daran, ich gehöre zur Familie. Was ihr mir antut, tut ihr euch selbst an.
McNultey:	Das Risiko tragen wir.
Grossman:	Yeah, auf diesem Weg werden wir reichlich Spaß haben. (mimend) Die Vereinigten Staaten von Amerika gegen Professor Seifenblase alias die rote Gefahr, alias Dr. Jekyll, alias Sacco Vanzetti, alias Besserwisser, Muttersöhnchen, Zuckerarsch Rich McBride.
McNultey:	Keine Sorgen, Professor, wir bringen dich zurück zu deiner Universität, und sei es in einer Kiste.
Grossman:	(mit Akten fuchtelnd) Unserem Beweismaterial zufolge bist du ein Pazifist und ein radikaler Wirrkopf. Du bist unwiderlegbar schuldig des Chauvinismus, des Linksradikalismus und des Autoerotismus. Unsere Ermittlungsbeamten berichten zudem, daß du eine Vorliebe für Chorknaben hast, unloyal zu deiner Schule bist, dich deiner Mutter gegenüber geizig verhältst, eine schwule Memme bist, ein Analsadist und ein rosa Snob. Wir erwarten, daß du deine Loyalität beweist, indem du jeden Anklagepunkt bekräftigst.
McBride:	Mit der Erlaubnis des Gerichts erhebe ich Einspruch.
Grossman:	(als Ankläger) Das ist ein subversiver Angriff auf unsere Autorität als Strafende, folglich ein gänzlich unzulässiger Einspruch! Wir sind hier, um Verbrechen anzuprangern, nicht um rote Sülze dialektisch zu animieren. (als Richter) Das Vorgehen des Anklägers ist nach dem Gesetz abgesichert. Er ist legitimiert, jegliche Lüge zu gebrauchen, um so einen schmierigen Pimmel wie den Angeklagten ganz nach Lust weichzuklopfen.
McBride:	Ich bin alt genug um zu wissen, was im fünften Anhang der Verfassung steht.
McNultey:	(als hätte ihn ein Reizwort geweckt) Verfassungsrechte, gewiß! Altehrwürdiges Dokument!
Grossman:	(zu McBride) Glaubst du, das kümmert jemanden, Hohlkopf? Die einzige Verfassung, die du kennst ist die, keinen mehr hochzukriegen, und wenn du uns nochmal mit der Verfassung kommst, wickeln wir deine Nudel darin ein und zerquetschen das Ding.

McNultey:	Willst du dich mit der Polizei anlegen, Söhnchen? Na bitte, dann streite auch nicht mit dem Richter.
Grossman:	(klopft mit dem Hammer) Wenn der Angeklagte solche hysterische Ausbrüche nicht unterläßt, wird man ihm Handschellen anlegen, ihn fesseln und knebeln.
McNultey:	(zur Seite) Jetzt sind wir im Kommen. (zu McBride) Nimm dich zusammen. Temperamentsausbrüche beeindrucken die Geschworenen nicht.
McBride:	Aber ich...
Grossman:	(übergeht ihn) Gib eine kleine Sache zu, das stimmt das Gericht milde. Wenn die Rechtsprechung weise und ehrwürdig ist, dann deshalb, weil sie sich über die Jahrhunderte ein menschliches Gesicht zugelegt hat.
McNultey:	(nachdrücklich) Wir werden die Sache noch rumreißen. Ihr Kartenhaus beginnt zu bröckeln.
Grossman:	Gib den Analsadismus und die pornographische Inkompetenz zu, die sind verbreitet genug.
McNultey:	Jesus, bist ein Prachtstück. Auf die Knie mit dir und sage, daß es dir leid tut. (im Folgenden geht McNultey dazu über, sich mit einer aufgesetzten Freundlichkeit einzuschmeicheln, während Grossman sich selbst in Wut bringt)
Grossman:	Zögern bestätigt unseren schlimmsten Verdacht. McBride, du bist ein verdorbenes Produkt eines herzblutenden Humanismus, du hast von unserer Geduld zuviel Gebrauch gemacht.
McNultey:	Junge, wir wollen dich nicht über die Klinge springen lassen. Gib zu, ein Eierkopf mit rosa Drang gewesen zu sein.
McBride:	Rosa Drang?
Grossman:	Spiel nicht den freundlichen Tölpel.

McNultey:	Junge, mach dich nicht selbst fertig. Wenn du mitarbeitest, könnten wir dich in ein erstklassiges Sanatorium bringen, mit schönem Rasen und Blumen drumherum.
Grossman:	Selbst auf die Gefahr eines Meineides hin, Professor, ist es wahr, daß du verbotene Bücher liest? Ist es wahr, daß du Radikale unterstützt und abgestandenes Sperma verspritzt hast? Gib es zu, egal, ob wahr oder falsch. Die Mindeststrafe beträgt zwei Jahre Schwerstarbeit.
McNultey:	(sanft) Bei allen, was du anstellst, zeigst du großes Talent. Warum sollte eine solche Pracht verkümmern? Du könntest als Gärtner arbeiten, an der frischen Luft sein, gottverdammte Blumen riechen.
Grossman:	Es genügt dir nicht, unser System des christlichen, freien Unternehmertums zu verraten, du vergräbst dich in den unappetitlichsten Hautfalten. Du hast mit Handball angefangen, nur um in den Umkleidekabinen herumschnüffeln zu können. Du hast deine Studenten selbst unter der Dusche nicht aus den Augen gelassen, weil du sie mit fremden Ideen vollstopfen wolltest. Es hat keinen Zweck zu leugnen. Wir hatten eine Kamera hinter jedem Spiegel. Mindeststrafe für Gefährdung der Zukunft der Vereinigten Staaten: fünf Jahre.
McNultey:	(behutsam) Nachdem du gestanden hast, werden wir das Aktenmaterial vernichten. Du kannst die Filme haben und sie auf Parties vorführen.
Grossman:	Das Gericht garantiert, daß niemand ungerecht behandelt wird. Wenn du bereust, nimmt die Gesellschaft dich mit offenen Armen wieder auf und mit ...
McBride:	Offenem Rachen. Wenn du ein Richter bist, bin ich General Eisenhower und Joe hier ist mein Eheweib.
Grossman:	Beleidigung des Gerichts, Mindeststrafe zehn Jahre.
McNultey:	Verdirb es dir nicht, Söhnchen. Wenn sie dich bei kopfgesteuerter Mißachtung ertappen, beträgt die Mindeststrafe zwanzig Jahre.
McBride:	Ich habe keine Mißachtung verdorben. Ich meine, ich will es mir mit gar nichts verderben, auch mit der Mißachtung nicht.

Grossman:	(beruhigt sich) Dies zielt tendenziell auf eine Vorstufe zum Meineid und Anstiftung zum Denken, Mindeststrafe dreißig Jahre. Noch nie zuvor habe ich von einem so verfaulten Herzen in einer so verbrecherischen Haut gehört. Du bist ein Schandfleck auf unserer Flagge, Soldat.
McNultey:	Vertraue mir, Sohn. Deine einzige Hoffnung ist, deine Medizin wie ein Mann hinzunehmen.
Grossman:	(plötzlich salbungsvoll) Denke nicht, Gefängnis sei eine Strafe. Gefängnis gibt einem Menschen die Zeit nachzudenken und sich zu bessern. Wenn du für uns arbeitest, kommst du als besserer Mensch heraus.
McBride:	Genau das, was die Plakate in den Lagern verkünden. Der lange Weg nach draußen ist Loyalität. Die Meilensteine sind Gehorsamkeit, Ehrlichkeit, Fleiß, Opferwillen und Integrität.
Grossman:	Sonst führt der Weg über die sogenannten Duschräume und raus zum Schornstein, richtig? Dein Verdacht ist unverzeihlich.
McNultey:	Als dein Anwalt rate ich dir, solche Gedanken zu vergessen. Als dein Beichtvater vergebe ich sie dir. Als dein Psychiater rate ich dir, verbanne sie aus deinen Träumen, den feuchten wie den trockenen. Oder, wenn du sie schon träumen mußt, komme auf meine Couch und wir verdrehen sie gemeinsam. So soll es auf immer sein, McBride. Schwöre es.
Grossman:	Schwöre es, McBride! Versprich, daß du willfährig und nachgiebig sein wirst. Schwöre, daß du ihm gehörst!
McBride:	(als habe er schreckliche Angst) Ich schwöre es!
McNultey:	Es ist geschworen! Teile unsere Träume und versaue sie für immer.
Grossman:	Unterschreibe den Treueschwur. Gelobe, deine Kameraden nie im Stich zu lassen.
McNultey:	Hörst du das, mein Sohn, ich stehe bis zum Schluß hinter dir.
Grossman:	Du bist zu weich mit ihm. Wenn nationale Sicherheit auf dem Spiel steht, müssen wir ihm an die Gurgel gehen.

McNultey:	Zuerst zerschlagen wir die Rückendeckung.
McBride:	Ne, ne. Kein Trampeln auf dem altem Dreckweg.
McNultey:	(sachlich) Schluß damit. Manche Leute wollen einfach nicht zur Vernunft kommen.
Grossman:	(betont sachlich) Das ist also der Dank dafür, daß wir fair gespielt haben.
McNultey:	Du brichst mir mein Herz, Junge. Du hast nichts kapiert.
Grossman:	(als ob er McBride auf einem elektrischen Stuhl festschnallen würde) Für deine Art von krankem Geist gibt es nur eine Heilung - Schocktherapie. Wir haben dich bisher mit unserer Vorzugsbehandlung zu sehr verwöhnt. Jetzt stecken wir deinen Arsch in den Toaster.
McNultey:	Es ist eine sichere Heilung, mein Sohn. Anordnung der Psychiater.
McBride:	Es muß auch andere Psychiater geben. Ich brauche einen, schnell.
McNultey:	(setzt McBride eine Kappe auf, die zur Ausrüstung des elektrischen Stuhls gehört) Kannst du einen finden, der keine Befehle von uns annimmt? Ein durch und durch amerikanischer Adonis, festgeschnallt. Was für ein Bild.
Grossman:	Ein zweitausend Volt-Schlag sollte ein richtiger Augenschmaus sein.
McNultey:	(küßt McBride) Mein Sohn, das schmerzt mich mehr, als es dich schmerzen wird.
McBride:	Ich habe dich geliebt, bester Papa! Ich habe getan, was du wolltest.
Grossman:	Das sagen sie alle, du Losergesicht.
McBride:	(flehentlich zu McNultey) Aber ich habe doch hart geschuftet. Ich habe mich von Frauen ferngehalten.
McNultey:	(bitter) Wer braucht deine Krümel? (zeigt auf sein Herz) Du hättest tun sollen, was ich wollte - was ich hier drinnen wollte - unwichtig, was ich verlangt habe.

McBride:	Kann ich in Berufung gehen? Ich will meine Mutter!
Grossman:	Junge, wir sind deine Mütter.
McNultey:	(wütend) Es gibt keine Berufung über die Liebe einer Mutter hinaus. Wir werden dich retten - egal, wie hoch wir die Leichen auftürmen müssen.
Grossman:	(tut so, als sei der Lichtschalter der Schalter für den elektrischen Stuhl) Gibt es noch was, bevor ich einschalte?
McBride:	(wie erstarrt) McBride bekommt den Ball. Er macht ein wundervolles Täuschungsmanöver und durchbricht das Hinterfeld. Er ist auf der dreißig-Yard-Linie, auf der fünfundzwanzig. Er läßt einen Gegner aussteigen. McBride ist auf der fünfzehn, auf der fünf, er trifft. Großartig. Ich habe es geschafft, Mutter. Ich habe das große Spiel gewonnen. Ich habe es für dich getan, Mutter. Wie es dein Wunsch war.
McNultey:	Puh, was für ein Dreck.
Grossman:	Wir werden ihn wegspülen. (knipst den Schalter. Blackout)

9. Szene

Hinweistafel: Neun Monate früher. August 1955.

Ein Gerichtssaal mit der amerikanischen Flagge. Der Richter Richard Mullhouse sitzt in der Mitte des Raumes, an einem erhöhten Tisch. McNultey und McBride befinden sich an einem Tisch links von ihm. Reich und Feather sitzen am Tisch rechts vom Richter. Links von McBride und McNultey befinden sich 12 Pappfiguren oder Silhouetten, die stumm die Geschworenen darstellen und den Eindruck eines überfüllten Gerichtssaales erzeugen. Vor dem Richter sind verschiedene Beweisstücke für die Beweisführung ausgebreitet, darunter ein Akkumulator.

McBride: (in ausgeprägter Gerichtssaalmanier) In unnötig ausführlichen und irreführenden Zeugenaussagen hat die Verteidigung behauptet, daß Dr. Reich ein Wissenschaftler sei, dessen Arbeit nicht gerichtlichen Anordnungen unterliegen dürfe. Zum Abschluß ihrer Darlegungen möchten die Kläger lediglich bemerken, daß die vorliegende Anklage die Folge der Gerichtsmißachtung des Angeklagten ist. Der Angeklagte hat ausgesagt, daß er der gerichtlichen Anordnung nicht Folge leisten konnte, da er, seiner exzentrischen Art von Rechtsauffassung nach, die Vorladung als ungültig ansah. Traurig, sehr traurig. Also hat der Angeklagte, trotz dem Verbot seiner pseudomedizinischen Geräte, der richterlichen Verfügung getrotzt und sich somit der Mißachtung des Gerichts strafbar gemacht.

Mullhouse: Da wir das Privileg hatten, die Zeugenaussagen zu hören, benötigen wir keine weiteren Wiederholungen.

McBride: Ich komme zu einem entscheidenden Kernpunkt, Euer Ehren.

Mullhouse: Der Anklagevertreter wird seinen Kern der Anklage vortragen, allerdings ohne sinnlose Ausschweifungen.

McBride: Besten Dank, Euer Ehren. Es gibt Einigkeit darüber, daß der Angeklagte, ausgenommen seine unbegründete Infragestellung die Vorladung betreffend, keinen zulässigen Einspruch geltend gemacht hat. Provokativer noch, er hat nicht einmal einen Anwalt konsultiert, so sehr vertraute er auf die Aufhebung des Gesetzesverfahrens. Sogar das große Risiko, sich selbst zu verteidigen, hätte er auf sich genommen, wäre er nicht im letzten Augenblick gezwungen worden, einen Pflichtverteidiger zu akzeptieren.

Mullhouse: (irritiert) Was ist Ihr Kernpunkt?

McBride:	(anmaßend) Der Kernpunkt ist quasi simpel auf den Punkt zu bringen. Der Angeklagte beruft sich, nach dem implizierten Eingeständnis seiner Schuld, ausschließlich...
Feather:	Einspruch! Wir haben kein Schuldgeständnis abgegeben.
Mullhouse:	Einspruch stattgegeben. Das Gericht wird die Behauptung des Anklagevertreters, daß ein Schuldeingeständnis vorliege, nicht zur Kenntnis nehmen.
McBride:	Euer Ehren, die Nichtbeachtung der Anklageschrift bedeutet ein Eingeständnis der Schuld.
Mullhouse:	Dem Einspruch wird stattgegeben. Der stellvertretende Ankläger wird zum letzten Mal gebeten, seine Ausführungen knapp zu halten.
McBride:	(langsam) Sehr wohl, Euer Ehren, mit der bündigsten Kürze. Wie ich schon erläuterte, ist die Verteidigung darauf aus, mildernde Umstände anzuführen, nämlich indem sie vorgibt, der Angeklagte führe Experimente von größter Wichtigkeit durch - das heißt, allerwichtigst für das Fortbestehen unserer Nation. Bedauerlicherweise tragen diese feinen Vorträge nicht im mindesten dem Rechnung, worum es hier geht, nämlich der Mißachtung des Gerichts. Der Angeklagte hat sowohl gegen die Verfügung verstoßen, die es ihm untersagte, seine Kisten weiterhin zu vermieten, als auch gegen das Verbot, des Vertriebes seiner selbstproduzierten Sexschriften an Kinder, sowie der Herstellung seiner Zauberkästen, über die wir manche phantastische Geschichten vernommen haben. Anstatt Argumente zu hören, die für den Gegenstand der Mißachtung relevant wären, haben wir eine Zeugin der Verteidigung gehört, die über die Abtreibungsklinik von Dr. Reich in Wien sprach, eine andere erzählte von einer Beratungsstelle für Jugendliche in New York, eine weitere sprach über seine Kinderklinik und seinen Kindergarten hier, und zum guten Schluß bekamen wir einen Mann vorgeführt, der glaubt, daß nackig in einer Kiste sitzen seinem Rheumatismus helfen könne.
Mullhouse:	(mit seinem Hammer klopfend) Zum letzten Mal, Herr McBride, kommen Sie zu Ihrem lang angekündigten Kernpunkt.

McBride:	(ungerührt) Euer Ehren, der wird mehr als klar werden mit Hilfe der Aussage unserer nächsten Zeugin. Die Anklage ruft die Frau Doktor der Medizin und bemerkenswerte Psychoanalytikerin Dr. Angela Susskind in den Zeugenstand.
Reich:	Ist er zum Kern gekommen?
Feather:	Vielleicht habe ich es verpaßt.
Reich:	Er ist einer der Unglücklichen, der nicht dreißig Sekunden sprechen kann, ohne um Aufmerksamkeit für sich zu flehen. Er führt sich auf, als wäre er eine Puppe, die er mal geliebt hat.
Feather:	Unglücklich oder nicht, er richtet uns mehr Schaden an, als wir ihm.

Susskind tritt in den Zeugenstand. Sie ist um die fünfundfünfzig, gut angezogen und attraktiv. Ihr ist sichtbar unwohl, als Zeugin auftreten zu müssen.

Mullhouse:	Schwören Sie, die ganze Wahrheit zu sagen und nichts als die Wahrheit, so wahr Ihnen Gott helfe?
Susskind:	Ich schwöre es.
McBride:	Dr. Susskind, ist Ihnen der Angeklagte persönlich bekannt?
Susskind:	Ist er. Oder richtiger gesagt, ich war mit ihm bekannt bis vor sechs Jahren.
McBride:	Und sind Sie mit seinen Büchern vertraut?
Susskind:	Mit den meisten von ihnen, ja.
McBride:	Dr. Susskind, wie würden Sie den wissenschaftlichen Ruf des Angeklagten einschätzen?
Susskind:	Ich glaube nicht, daß ich im Augenblick vorbereitet bin, einen Ruf einzuschätzen. Ich könnte höchstens sagen, daß es schon Jahre her ist, daß ich etwas Überzeugendes von seiner Arbeit gehört habe.
McBride:	Abgesehen von seinem derzeitigen Ruf, würden Sie ihn als Psychologen hoch schätzen?

Susskind:	So viel ich weiß, war er nie Psychologe.
McBride:	Als was haben wir ihn dann anzusehen? Als einen Psycho-analytiker?
Susskind:	Seit seinem Ausschluß aus der internationalen Organisation ist Dr. Reich kein Psychoanalytiker mehr.
McBride:	Ist er Doktor der Medizin?
Susskind:	Ich wünschte, er wäre keiner.
McBride:	Wenigstens sind wir in der Lage uns darauf zu einigen, daß der Angeklagte ein Arzt ist - oder einer war. Können Sie uns erklären, warum der Angeklagte aus der Organisation der Psychoanalytiker ausgeschlossen wurde?
Susskind:	Er hat dem Grundsatz von Freud, Politik und Wissenschaft nicht zu vermischen, gespottet. Am wenigsten verzeihlich für das Wiener Zentralkomitee war Dr. Reichs Liebäugelei mit solchen marxistischen Zielen, wie kostenlose Klinikbehandlung für Arbeiter mit niedrigem Einkommen, Sexualberatungsstellen für Jugendliche und freie Möglichkeit zur Abtreibung für jede Frau, die es will. Er wurde außerdem wegen der Herausgabe von Theori-en, die im Widerspruch zu Freuds Lehren standen, ausgeschlossen.
McBride:	In welchem Jahr war das?
Susskind:	1933.
McBride:	1933 betreffend, verfügt die Anklage über Informationen, wonach Dr. Reich die Umstände gefälscht hat, unter denen er Nazi-Deutschland verlassen hat. Laut unserer Zeugin, deren Namen ich vorerst noch ungenannt lassen möchte, hatte Reich wenig Gründe, Verfolgung befürchten zu müssen, da er selbst ein aktiver Nazianhänger war und es bis 1945 blieb.
Feather:	Einspruch! Die Anklage muß diese Zeugin einem Kreuzverhör zur Verfügung stellen.
Mullhouse:	Einspruch stattgegeben. Das Gericht wird die Anschuldigung, Dr. Reich habe Verbindungen zu den Nazis gehabt, nicht zur Kenntnis nehmen.

McBride:	Unsere Zeugin ist eine Dame, die Reich intim kannte.
Mullhouse:	(verärgert) Dann rufen Sie die Dame in den Zeugenstand oder vermeiden Sie es, sie weiter zu erwähnen. Die Geschworenen werden die letzte Behauptung des Anklagevertreters nicht zur Kenntnis nehmen.
McBride:	(charmant) Sie waren sehr hilfreich, Dr. Susskind.

McNultey tritt vor, McBride setzt sich. McNultey ist weniger gekünstelt als McBride, gibt sich dafür dramatischer und mehr einschüchternd. In dieser Szene demonstriert er insbesondere seine Fähigkeit, anderen Angst einzuflößen.

McNultey:	Dr. Susskind, Sie schildern den Angeklagten als einen fanatischen Einzelgänger, der sich seinen Förderern gegenüber als unloyal erwiesen hat. Sie haben besonders klar hervorgehoben, daß er seinen Mentor Professor Freud verraten hat, der ihn sowohl beruflich als auch finanziell unterstützt hat. Können Sie sich an einen Fall erinnern, in dem der Angeklagte die Ausübung der Psychoanalyse verantwortungslos mißbraucht hat?
Susskind:	Nach allem, was ich gelesen habe und bei dem, was ich in diesem Gerichtssaal gehört habe, würde ich sagen, daß er in vielen Kernfragen mit Freud in Konflikt steht.
McNultey:	Wegen Ignorierung medizinischer Grundsätze? Durch das Einführen von unzuverlässigen Geräten in die Behandlung?
Susskind:	Soweit würde ich vielleicht nicht gehen. Von einem strikt technischen Gesichtspunkt aus, könnte man dieses Argument dennoch bringen. Man könnte ja sagen.
McNultey:	Ja, was? Heißt ja, er ignoriert anerkannte Behandlungsmethoden? Oder ja, seine Experimente gefährden die Patienten?
Susskind:	Zweifelsohne glaubt er...
McNultey:	Bitte beantworten sie die gestellte Frage.
Susskind:	Muß ich?
Mullhouse:	Das Gericht sieht nichts Unzulässiges in der Frage.

Susskind:	Also gut. Da er sich von den anerkannten Behandlungsmethoden distanziert, könnte man sagen, daß er sie ignoriert.
McNultey:	Er verstößt gegen anerkannte Behandlungsverfahren.
Susskind:	Soweit man das sagen kann, ja.
Feather:	Einspruch!
Mullhouse:	Einspruch abgelehnt. Die Anklage muß die Möglichkeit haben, die Tatsachen festzustellen.
McNultey:	Als Freudianerin sind Sie eine Expertin in der Handhabung von sexuellen Beschwerden.
Susskind:	Man könnte das sagen.
McNultey:	Und Sie sind, was die neuesten Therapien für gestörte und sexuell perverse Menschen anbelangt, auf dem Laufenden.
Susskind:	Das ist nicht ganz falsch. Nein, man könnte das sagen, ja.
McNultey:	Ich spreche die Sexualtherapie an, nicht um eine reizvolle Dame in Verlegenheit zu bringen, sondern um skrupellose Behauptungen des Angeklagten zu enthüllen. Ein alarmierender Aspekt in der Reklame für sein Institut ist die Vermischung von Pornographie mit dem Versprechen von ärztlicher Hilfe. Ganz typisch ist das Beharren des Angeklagten darauf, Krebsforschung und Sexualforschung seien untrennbar. Hier ist ein Standardwerbespruch von Dr. Reich. (liest) „Den verschiedenartigen Krebserkrankungen, wie den verschiedenartigen neurologischen Störungen liegt ein einziger gemeinsamer Faktor zugrunde: unterdrückte, sexuelle Energie. Frauen sind die Hauptleidenden der Verdrängung. Die sexuelle Unterdrückung, die jungen Mädchen aufgebürdet wird, ist weitestgehend verantwortlich für das spätere, weit verbreitete Auftreten von Brustkrebs und Gebärmutterkrebs." (mit wachsender Empörung) Seite für Seite der Publikationen des Instituts machen deutlich, welche falschen Hoffnungen dieser Quacksalber in seinen Opfern zu wecken versucht. Die Patienten werden zu dem Gedanken verleitet, daß eine spezielle Energie sie heilen wird. Schlimmer noch, sie werden mit dem Gedanken belastet, daß eine Art persönliches Fehlverhalten ihre Krankheit verursacht hat.

Dies erachte ich als eine besonders zynische Praktik, wodurch die Patienten, die bereits von der furchtbarsten Krankheit, die wir kennen, schwer betroffen sind, dazu gebracht werden, sich für ihr unvermeidbares Leiden verantwortlich zu fühlen. Der Angeklagte hat vor diesem Gericht ausgesagt, daß er einen Zusammenhang zwischen sexueller Hemmung und tödlichen Krankheiten sieht. Ihrer Ansicht nach, als Ärztin, gibt es einen Zusammenhang zwischen anhaltender sexueller Frustration und Krankheiten wie Krebs?

Susskind: Keinen.

McNultey: (nachdrücklicher) Absolut keine? Nicht mal bei extrem lang andauernder, sexueller Frustration?

Susskind: Es gibt keine Grundlage für eine solche Behauptung.

McNultey: Krebs hat allein eine physische Grundlage. Das ist die Tatsache, nicht wahr?

Susskind: (aufgeregt) Selbstverständlich.

McNultey: Krebs hat absolut nichts zu tun mit der Persönlichkeit. Krebs hat allein eine physische Ursache. Das ist eine wissenschaftliche Tatsache, nicht wahr?

Susskind: Das ist eine Tatsache.

McNultey: (zeigt auf den Akkumulator) Sie sehen die berüchtigte Kiste hier. Besonders belastend für den Angeklagten ist seine Behauptung, daß dieses Ding irgendeine Wirkung auf den Verlauf von welcher Krankheit auch immer hätte. Sie kennen seine wilden Sexualtheorien. Sie haben die Fotos von nackten Patienten in der Kiste gesehen. Sie wissen von den sonderbaren Dingen, die er den Patienten erzählt. Dr. Susskind, liegt in diesem Ding da irgendein Wert? Hat dieses Gerät irgendeinen medizinischen Wert?

Susskind: Absolut keinen.

McNultey: Sie sind sehr kooperativ gewesen, Frau Dr. Susskind. Ihre Zeugin, Herr Verteidiger.

Feather: (zu Reich) Soll ich sie befragen?

Reich:	Sie ist nicht die Mühe wert. (steht auf) Ich möchte meine gewesene Freundin fragen, ob es richtig ist, daß sie nicht die Spur eines Beweises gegen mich vorgebracht hat. Bedauerlicherweise wurden wir hier durch nichts als mit Klatsch vom Hörensagen unterhalten.
Mullhouse:	Der Angeklagte ist nicht gefragt.
Reich:	Sie versteckt sich hinter falschen Sachverhalten. Sie stellt orthodoxe Methoden als eine Gewißheit hin, obwohl sie weiß, daß Freud nie eine fixe Methode hatte! Nie!
Mullhouse:	Das ist genug, Dr. Reich!
Reich:	Es gibt keine einheitliche Technik unter den Psychiatern, außer die, daß sie Patienten dazu bringen, zu zahlen und zu zahlen und zu zahlen. Solche Psychoanalytiker haben Freud verraten und beinahe haben sie auch die Psychoanalyse zerstört. (auf die Ankläger deutend) Trotz der näheren Betrachtung dieser Männer sehe ich keine Anzeichen von Todestrieb, Todesinstinkt oder irgendeinem angeborenen Unheil.
Mullhouse:	(klopft mit dem Hammer) Keine irrationalen Ausbrüche mehr, Dr. Reich. Ich bin kein Spezialist und kein Wissenschaftler. Nicht nur, daß ich nicht verstehen kann, was Sie sagen, ich bezweifle auch, daß irgendjemand anderes es kann.
Reich:	Wenn Sie das nicht verstehen können, wie können Sie dann urteilen?
Mullhouse:	(verärgert mit dem Hammer klopfend) Ich verstehe, daß Sie das Gericht mißachten!
Feather:	Einspruch! Ich dachte wir sind hier, um das zu entscheiden.
Mullhouse:	(wütend, blickt plötzlich auf McBride) Herr McBride, ich rate Ihnen, sich Ihren Gesichtsausdruck zu überlegen. (zu Feather) Wenn Sie eine Mißachtung nicht erkennen, wenn sie Ihnen vorgeführt wird, wird aus Ihnen nie ein brauchbarer Anwalt. Wollen Sie die Zeugin befragen oder nicht?
Feather:	Darf ich mich mit meinem Mandanten beraten?

Mullhouse:	Ich werde es nicht zulassen, daß dieser Gerichtssaal in einen Zirkus für Possen von Wirrkopffachmänner oder fachmännischen Wirrköpfen verwandelt wird. Ich erwarte Respekt - nein, Ehrfurcht - für einen anständigen Prozeß. Wir sind hier, um in einer würdigen Art Justiz zu üben. Jeder, der dem zuwider handelt, riskiert mehr als nur meinen Mißmut - Sie riskieren, daß die volle Macht des Gesetzes auf Sie niedergeht. (kurze Pause) Die Zeugin bleibt unter Eid. Bevor die Zeugin, auf was für Fragen auch immer, weiter antwortet, werden wir eine dreißigminütige Pause machen, währenddessen Herr Feather sich mit seinem Mandanten berät. (alle verlassen die Bühne außer Reich und Feather)

- PAUSE -

Selbe Szene, dreißig Minuten später. Während Reich und Feather miteinander sprechen, kehren die anderen auf ihre Plätze zurück. Reich scheint voller Tatendrang, Feather beunruhigt und deprimiert.

Reich:	Ich mag Ihren Enthusiasmus. Als wir uns gestern trafen, hätte ich von Ihnen niemals so viele Einsprüche erwartet.
Feather:	Es ist nur eine Technik,... um nicht unter die Räder zu kommen.
Reich:	Seit wann praktizieren Sie als Anwalt?
Feather:	Eine ganze Weile. Eine halbe Ewigkeit.
Reich:	Dachte ich mir.
Feather:	Fünf Monate.
Reich:	Das sollte genügen.
Feather:	Als Pflichtverteidiger kriegt man keinen mit silbernem Haar und einer goldenen Taschenuhr.
Reich:	Ich bin zufrieden, solange Sie denen zeigen, daß deren Taktik gegen unsere Verfassungsrechte verstößt. Und zwar, gegen die eines jeden. Immerhin ist der Pflichtverteidiger eine Art Institution, die zeigt, wie gut die Demokratie funktioniert.

Feather:	Die Demokratie ist jedoch nicht gezwungen, sich vor Gericht zu verantworten.
Reich:	Ebensowenig sollte das mein Forschungsinstitut. Entweder sind Wissenschaftler frei oder die Gesellschaft, in der sie arbeiten, ist nicht frei. Wir haben Europa nicht scharenweise verlassen, die Gestapo auf den Fersen, weil wir die deutsche Küche satt hatten.
Feather:	Sie wissen, daß die Sie ins Gefängnis stecken wollen.
Reich:	Wenn es eine Verurteilung geben sollte, werde ich bis zur Entscheidung der Berufung frei bleiben. Wenn ich nicht der falschen Anschuldigungen wegen freigesprochen werde, dann sprechen sie mich eben deswegen frei, um sich vor einem Berufungsgericht nicht lächerlich zu machen.
Feather:	Wissen Sie viel über Berufungsgerichte? Mein Onkel und mein Großvater sind beide Berufungsrichter, und das einzige, worüber sie sich einig sind, ist, daß sie sich gegenseitig verachten. (vorsichtig) Wenn Sie meinten, Ihre Vorladung sei fehlerhaft, weshalb haben Sie dann nicht gleich Widerspruch eingelegt?
Reich:	Fehlerhaft? Sie meinen, voll von vorsätzlichen Lügen. Die Ärzte der Drogenbehörde halten relevante Beweismittel zurück. Die wollen meine Forschungen zerstören, ohne zu wissen, worum es in meiner Arbeit geht.
Feather:	Das kann ich nicht beweisen.
Reich:	Sie können aber klarmachen, weshalb es in diesem Prozeß nicht um faule Vorladungen geht, sondern um Prinzipien, wie um das Prinzip, daß kein Politiker oder Richter kompetent ist, meinen Forschungen Grenzen zu setzen. (auf die Ankläger deutend) Schauen Sie diesen Bücherverbrennern ins Gesicht. Die sollen sich rechtfertigen. Deren Angst vor dem Leben sollte unter Anklage stehen. In der Sexualforschung ist man vom Geschwätz der Haßgetriebenen verfolgt. Von den Faschisten in Wien, bis zu ihren Verwandten hier. Die Pest der Gestörten hält sich konstant.
Feather:	Eine Vorladung ist kein Geschwätz. Sie kommt von der Regierung.
Reich:	Wie meine Sorgen in Europa. Die Pest respektiert Regierungen ebensowenig, wie sie Staatsgrenzen respektiert.

Feather:	Wir brauchen etwas, um McNultey aufzuhalten.
Reich:	McNultey stolpert über sich selbst. Er ist beinahe erledigt.
Feather:	McNultey wird unser nächster Senator sein - nicht schlecht für einen, der erledigt ist.
Reich:	Sehen Sie nicht, wie krank er ist? Selbst mit weniger Panzerung wäre er immer noch abgeblockt. Schauen Sie, wie er sein Kinn vorschiebt. Spannungen in der unteren Gesichtshälfte beugen meistens Ausbrüchen zu Wein- oder Schreikrämpfen vor, beides Hindernisse für einen stählernen Mann. Schauen Sie, wie er seine Schultern hochzieht. Die angespannten Muskeln verhindern den vollen Gebrauch seiner Lungen. Sein blockierter Hals resultiert aus einer ähnlichen Panzerung.
Feather:	Was ist eine Blockade im Hals?
Reich:	Eine weitere Abwehr gegen Energie und Vergnügen. Sie haben dieselbe Blockade, wenn auch weniger als McNultey.
Feather:	(legt eine Hand auf seine Brust und atmet tief) Abwehr gegen Energie?
Reich:	Selbstverständlich. Sie können seine verspannte Haltung sehen. Wenn er noch steifer wird, ist er eine Leiche. Passen Sie auf, wie er mit leicht seitlich gehaltenem Becken stolziert. Das ist eine Abwehr gegen das, was er für gefährliche Erregung hält. Nehmen Sie all diese Gewohnheiten zusammen und Sie haben eine mechanische Bulldogge, die jede Spontaneität haßt und keinen Knochen mehr hergibt, wenn sie sich einmal an ihm festgebissen hat. Er ist ein Bündel ihm unbekannter Sehnsüchte, die werden ihm wohl bis er stirbt unbekannt bleiben.
Feather:	Sie sehen das, nur indem Sie ihn anschauen?
Reich:	Mit dem richtigen Training kann das jeder. Er verfälscht alles, ohne den Mund aufzumachen. Mit jeder Bewegung, die er macht, lügt er.
Feather:	Ich kann es nicht sehen.
Mullhouse:	(klopft mit dem Hammer) Das Gericht setzt die Verhandlung fort. Wird die Verteidigung die Zeugin vernehmen?

Feather:	Nein, Euer Ehren.
Mullhouse:	Sie können den Zeugenstand verlassen, Dr. Susskind.

Mit deutlich erkennbarer Erleichterung verläßt Dr. Susskind den Zeugenstand.
Sie geht schnell heraus, ohne nach links oder rechts zu schauen.

Mullhouse:	Die Anklagevertretung will noch einen weiteren Zeugen aufrufen?
McBride:	Korrekt, Euer Ehren. Die Anklagevertretung ruft Professor D. J. Hyde in den Zeugenstand.

Hyde ist ein augenscheinlich gesunder, rüstiger Mann um die sechzig und bei weitem überzeugender als die vorherige Zeugin. Selbst als die Fragen immer nachdrücklicher werden, antwortet er mit einer Gewandtheit, die zeigt, daß er völlig in seinem Element ist.

Mullhouse:	Schwören Sie, die ganze Wahrheit zu sagen und nichts als die Wahrheit, so wahr Ihnen Gott helfe?
Hyde:	Ich schwöre es!
McBride:	Wir würden einen halben Tag brauchen, um die Leistungen unseres hier vorhandenen Experten anzuführen. Beschränken wir uns damit zu sagen, daß Professor Hyde sowohl Doktor der Psychologie, als auch Doktor der Physiologie ist, ein weltbekannter Autor, Professor der Verhaltenswissenschaften an einer führenden Universität und insgesamt als einer unserer hervorragendsten Wissenschaftler anerkannt ist. Professor Hyde, der Angeklagte hat versucht, die Mißachtung einer gerichtlichen Vorladung mit seinem selbstgesetzten Immunitätsanspruch zu begründen. Wir haben bereits nachgewiesen, daß jenes Treiben in seinem sogenannten Institut mehr mit einem Hexensabbat gemeinsam hat, als mit irgendeinem medizinischen Modell.
Feather:	Einspruch! Die Unterstellungen des Anklägers sind beleidigend und irreführend.
Mullhouse:	Einspruch stattgegeben. Der Anklagevertreter ist aufgerufen, seine Sprache zu mäßigen.
McBride:	(gelassen) Würden Euer Ehren so gütig sein mir zu sagen, welche meiner Feststellungen als übertrieben erscheinen?

Mullhouse:	Ich bin nicht verpflichtet, Ihnen diesen Gefallen zu tun, Herr McBride. Tragen Sie Ihre Feststellungen mit mehr Geschwindigkeit und mit mehr Mäßigung vor.
McBride:	Sehr wohl, Euer Ehren. Uns wurde hier vermittelt, Dr. Reich habe einen Beitrag zur Psychotherapie geleistet. Professor Hyde, können Sie uns Dr. Reichs Beitrag beschreiben?
Hyde:	Seine Therapie beruht darauf, sogenannte Abwehrmechanismen gegen sogenannte Urenergien auszutauschen.
McBride:	Abwehrmechanismen gegen sexuelle Energie?
Hyde:	So lautet seine Theorie. Die sogenannten Abwehrmechanismen seien vermeintliche Überreste aus der Kindheit. Aus meiner Sicht können wir da genauso gut über Feen und Kobolde reden.
McBride:	Ich verstehe den Bezug auf Feen und Kobolde nicht.
Hyde:	Gemeint ist ein Prozeß, bei dem das Okkulte die rationale Wissenschaft ersetzt. Wir wissen alles über diesen Vorgang. Reich erfindet Mythen, wie die emotionelle Pest und beschreibt Menschen wie Sie und mich als Opfer und Agenten dieser Pest. Ist so etwas rational zu nennen? Im Lichte der rationalen Wissenschaft kann Reich nur als ein Dilettant betrachtet werden.
McBride:	Können Sie Ihre Ansicht dem Gericht näher erläutern?
Hyde:	Nehmen Sie seine Behauptungen über unterdrückte Sexualität. Unsere Experimente zeigen, daß es solche Blockierungen nicht gibt. Der menschliche Organismus besitzt kein Reservoir an blockierten Energien, die darauf warten, wie ein Vulkan auszubrechen. Der Organismus ist unfähig Energie anzustauen, irgendeine Art von Energie, nach Art und Weise, wie Reich sich das vorstellt. Folglich ist seine sogenannte Blockierung der Sexualität nicht mehr als ein Produkt von überhitzter Vorstellungskraft.
McBride:	Möchten Sie damit andeuten, daß der Angeklagte geistig gestört ist?

Hyde:	Wenige meiner Kollegen würden diese Wahrscheinlichkeit ausschließen. Als Anzeichen dafür würden sie seine Behauptung zitieren, daß er Regen machen und die Wüste zum Blühen bringen könne. Oder es wären seine Obsessionen betreffs außerirdischer Wesen zu zitieren oder die zur Verschmutzung der Ozeane und Wälder - oder, wenn es sein müßte, auch die der erotischen Stimulanz für Krebspatienten.
Feather:	Einspruch! Keines von diesen... sind Beweis für eine geistige Gestörtheit.
Mullhouse:	Einspruch stattgegeben.
McNultey:	(übernimmt die Befragung) Professor, wir haben einiges über ziemlich unheimliche Themen gehört. Finanziert unsere Regierung solch bizarre Forschung?
Hyde:	Meines Wissens nicht.
McNultey:	Wenn Sie in der Regierung säßen, würden Sie für solche Feen- und Koboldgebilde Steuergelder bewilligen?
Hyde:	Ganz gewiß nicht.
McNultey:	Obgleich sie als Psychologe alle Arten von Forschung billigen, sogar Erforschungen der sogenannten unbewußten Triebe.
Hyde:	Ganz gewiß.
McNultey:	Selbst Forschung nur der Forschung zuliebe? (Hyde nickt zustimmend) Dennoch sehen Sie keine Gründe für einen Anspruch des Angeklagten?
Hyde:	Gar keine. Man muß einen Strich zwischen Fakten und Phantasien ziehen. Ein Wissenschaftler baut auf Fakten, nicht auf Phantasien von infantiler Sexualität. Reich, mit seinen Sexmaschinen, seinen kranken Wäldern und seinen beschädigten Orgasmen, hat bewiesen, daß er kein Wissenschaftler mehr ist.
Feather:	Einspruch, Euer Ehren!
Mullhouse:	Einspruch abgelehnt. Bitte fahren Sie fort.

McNultey:	Welches berufliche Ansehen hat er? Würden Sie ihn als Experimentalpsychologen bezeichnen?
Hyde:	Aufgrund seiner Publikationen selbstverständlich nicht!
McNultey:	Ist er überhaupt ein Psychologe?
Hyde:	Wenn er Patienten nackt in Metallkisten setzt und sie mit Elektrizität stimuliert? Wenn er Disziplin und Selbstbeherrschung als Abwehrmechanismus bezeichnet? (zu Feather) Stellen Sie sich eine Stadt vor, deren Einwohner Disziplin und Beherrschung aufgeben! Die Therapie von Reich, wenn wir sie als solche bezeichnen können, führt Patienten dazu, in ihrem Inneren nach ihrer eigenen Balance zu suchen, ohne Kontrolle von außen! Was, wenn diese nach innen blickenden Patienten, wie es wohl die meisten tun, Neid, Wut und Haß auf jegliche Autoritäten finden? Was dann? Was, wenn die sagen, ich hasse den Polizisten, oder ich begehre meine Schwester, oder ich sollte meinen Vater umbringen oder gar, ich sollte meinen Therapeuten umbringen. Dies ist nicht das, was ich als gesunde Psychologie bezeichne.
Reich:	Lassen Sie uns etwas anderes als nur Geschwätz über meine Entdeckungen hören. Bringen Sie Beweise. Bringen Sie stichhaltige Beweise gegen meine Feststellungen, nicht boshaftes Geschwätz. Nicht eine wissenschaftliche Publikation hat einen Gegenbeweis zu irgendeiner meiner Feststellungen gedruckt. Nicht die Spur eines Beweises wurde vor diesem Gericht vorgetragen.
Mullhouse:	(grimmig) Dr. Reich, ich glaube, Sie haben die Verhandlung mit Ihrem letzten Ausbruch unterbrochen. (Reich zuckt angewidert die Achseln und nimmt seinen Platz wieder ein)
McNultey:	Ich danke Ihnen, Professor Hyde, für Ihre äußerst aufschlußreiche Aussage. Ihr Zeuge, Herr Rechtsanwalt.
Feather:	Professor Hyde, in Ihrer Aussage waren Sie nicht besonders wohlwollend zu meinem Mandanten. Wenn Sie wüßten, ob Ihre Ansicht entscheidend dafür wäre, ob Dr. Reich seine Forschungen fortsetzen kann oder ob er ins Gefängnis muß, würden Sie Ihre Aussage auf irgendeine Weise korrigieren?

Hyde:	Wenn ein Wissenschaftler Tatsachen aufdeckt, dann fungiert er auf neutralem Boden. Wenn er objektive Antworten liefert, kann er nicht die Verantwortung dafür übernehmen, auf welche Art die Leute sie verwenden. Die Konsequenzen sind nicht das Fach des Wissenschaftlers.
Feather:	Wenn nun lediglich Ihre Theorie gegen seine stünde, würden Sie dennoch zulassen, daß ein hervorragender Kollege ins Gefängnis muß?
Hyde:	Junger Mann, das ist keine Frage für einen Wissenschaftler. Ein Wissenschaftler ist nur dann ein Wissenschaftler, wenn er eine Methodik hat, ein System, welches ihn vom wohlmeinenden Laien unterscheidet, welches ihn sozusagen auch als Zeuge zum Experten macht. Ein Wissenschaftler schafft eine Methodik wie ein Meisterjuwelier einen Diamanten schleift, nur er kann nicht kontrollieren, wie die Leute damit umgehen. Worauf Sie offensichtlich hinauswollen, ist die Gefahr des Mißbrauches der Methodik. Als ein Experte auf meinem Gebiet beantworte ich gerne Ihre Fragen zur Methodik von Wundt oder Pawlow oder Watson oder sogar zur Pseudomethodik des Angeklagten. Ihre Frage betrifft jedoch Wertvorstellungen. Ich wurde hier nicht als Moralwächter vorgeladen. Würde es Ihnen etwas ausmachen, Ihre Frage dementsprechend neu zu formulieren?
Feather:	(nachdem er zu Reich geblickt hat, der angewidert gestikuliert) Keine weiteren Fragen, Euer Ehren.

Hyde bleibt auf seinem Platz, als wäre es ein Thron. Während der Richter redet, verblaßt das Licht und Reich geht zu dem Tisch, auf dem sich seine Ausrüstung befindet. Er nimmt einen Kittel aus der Schublade, zieht ihn an und beginnt zu arbeiten. Als der Richter fertig ist, steht nur noch Reich im Licht.

| Mullhouse: | Wir haben in diesem Fall ein unverkennbares Mandat. Die Geschworenen brauchen nur zu entscheiden, ob die Anklage dem Gericht ihre Mißachtung gezeigt hat, Entschuldigung, ob sie die Mißachtung des Gerichts bewiesen hat. Das ist der Kern der Sache und die völlige Unkompliziertheit dieses Falles erlaubt uns, eine klare Entscheidung zu treffen. Im Falle eines Schuldspruchs würde Dr. Reich zwei bis fünf Jahre im Gefängnis verbringen und hätte eine Geldstrafe von 20.000 Dollar zu zahlen. Ein Urteilsspruch, der nicht schuldig lautet, würde bedeuten, daß Dr. Reich frei ist, um seine Karriere fortzusetzen. |

Die Geschworenen werden sich jetzt zur Beratung zurückziehen, um zu einem Urteil zu kommen. (Während Reich arbeitet, gehen die anderen rechts und links ab. Auf Reich ruht Licht, der damit beschäftigt ist, den Inhalt verschiedener Reagenzgläser miteinander zu vergleichen.)

10. Szene

Hinweistafel: Vier Monate früher: April 1955.

Gruhn kommt mit einem weißen Kittel bekleidet, einen Brief lesend, herein.
Reich bleibt in seine Arbeit vertieft.

Reich: Ich glaube wir sind nahe dran, Gewebeschäden heilen zu können.
                Wenn das gelingt, könnten wir sogar Brandmale, die durch
                Strahlung verursacht wurden, beseitigen. So leicht beseitigen,
                als würden wir gegen Windpocken impfen.

Gruhn: Diese Bundesbeamten waren hier. Lydia sah sie, wie sie draußen
                auf dem Gelände Fotos machten.

Reich: Dieselben Agenten, die sich hier seit 1946 herumtreiben.
                Bald werden ihre Kinder sie ersetzen.

Gruhn: Selbstverständlich, ein Kinderspiel. Ich wünschte, daß die
                Schnüffler gerade das wüßten.

Reich: Ihr Schnüffeln ist nichts wert im Vergleich zu dem, was die
                Menschen gewinnen werden, wenn wir Recht haben mit der
                Regenerierung von geschädigtem Gewebe. Ich werde in ein paar
                Jahren sechzig. Ich werde nicht meine Kraft verschwenden,
                indem ich mir um Telefonanzapfer Sorgen mache.

Gruhn: Ich glaube, daß deine Arbeit jetzt weniger Aufmerksamkeit braucht
                als die Falle, die sie uns stellen. Für einen Nachmittag jedenfalls.
                Für eine Stunde.

Reich: Wenn wir dieses Mal richtigliegen, könnten unsere Ergebnisse die
                von Einstein übertreffen. Wissenschaftler haben die Greueltat
                verübt, die Atombombe zu bauen, also müssen Wissenschaftler die
                Bombe abschaffen.

Gruhn: (mit Brief) Ich wünschte, wir könnten Einstein vergessen und eben
                ein paar von diesen...

Reich: Diese Zivilpolizisten, die dich beunruhigen, werden verzehnfacht
                werden, um unsere Arbeit zu beschützen. Dieser Ort wird Los
                Alamos überstrahlen.

Gruhn:	An Radioaktivität?
Reich:	In der Bedeutung bei Spitzenbürokraten. (bekommt keine Reaktion) Und bei gewöhnlichen Steuerzahlern wie uns.
Gruhn:	Werden wir dann höhere Zäune und mehr Wachmänner haben?
Reich:	Wir werden uns den Wachmännern widmen, indem wir sie zu Kaffee und Kuchen einladen. Ich werde sie im selben Auge behalten, das die Struktur der sexuellen Verdrängung entdeckt hat.
Gruhn:	(erschöpft) Jeder bemerkt deine Augen, Willi. In deinen Augen funkelt das Genie. Manchmal allerdings denke ich, du bräuchtest eine neue Brille.
Reich:	Ich habe nie klarer gesehen. Daß ein Apfel vom Baum fällt, hat niemanden verwundert. Daß die Affen dieselben Organe wie wir Menschen haben, hat niemanden irritiert. Daß die psychiatrischen Patienten mit den Schultern zucken, gestikulieren und zusammenfahren, hat niemandem zu denken gegeben.
Gruhn:	Außer dir.
Reich:	Außer mir. Freuds Analytiker saßen in einer sicheren Entfernung, die den Schein einer Neutralität wahrte. Die würden in alles einwilligen ...
Gruhn:	Ins Zölibat. In die Kastration.
Reich:	... statt anzuerkennen, daß ich die Körpersprache entschlüsselt habe. Ich habe drei wunderbare Sätze gefunden, in denen Goethe die Verzweiflung zusammenfaßt, das zu sehen, was die anderen ablehnen zu sehen. Während er eine Palme bewunderte, sah er plötzlich ihre Wachstumsstrukturen. Tausende von Experten hatten vor ihm denselben Baum studiert und keiner hatte gesehen, was Goethe sehen konnte, der daraufhin sagte: „Keiner hat es gewagt, mit meiner Art mich auszudrücken, zu sympathisieren. Es ist quälend nicht verstanden zu werden, wenn man gewiß ist, nach großer Anstrengung und Zerrissenheit sein eigenes Ich und seinen Gegenstand begriffen zu haben. (Heller tritt ein) Es treibt einen zum Wahnsinn, einen Fehler immer und immer wieder zu hören, dem man um Haaresbreite entgangen ist, und nichts schmerzt mehr

	als jene Dinge, die uns mit intelligenten Männern einen sollten, statt dessen aber unüberbrückbare Klüfte hervorbringen."
Gruhn:	„Unüberbrückbare Klüfte." Allein diese Phrase macht mich müde.
Heller:	(grimmig wiederholend) „Es treibt einen zum Wahnsinn." Zum Glück war Goethe ein Dichter. Ihn haben die Autoritäten nicht als eine Gefahr für ihren guten Ruf angesehen. Haben wir einen guten Anwalt?
Gruhn:	Wir werden keinen brauchen. Willi hat dem Richter geschrieben und hat ihn gebeten, die Vorladung zurückzuziehen.
Heller:	Oh, dann ist alles ausgestanden. Zum Glück sind wir auf einen so vorurteilsfreien Richter gestoßen.
Reich:	(amüsiert von dem Spott) Sie werden die Vorladung zurückziehen, weil sie keine andere Wahl haben. Die Vorladung ist illegal.
Heller:	Was ist mit deren Mißachtung des Gesetzes?
Gruhn:	Lydia, bitte.
Reich:	Keine offene Gesellschaft kann ohne Vertrauen überleben. Eine Demokratie muß den erforderlichen Anstand derer, die die Vollmacht besitzen, voraussetzen.
Heller:	Deren einzige Wahl. Erforderlicher Anstand. Offene Gesellschaft. Du verschwindest in einem Nebel von Phrasen.
Gruhn:	Willi, du brauchst Urlaub.
Reich:	Das Gesetz mag uns einschränken, aber es beschützt uns auch. Das amerikanische Gesetz ist im Grunde anständig.
Heller:	Ellen, wir sind unterbesetzt. Jeder große Mann braucht mindestens vier Ehefrauen. Eine um sein gigantisches Ego zu befriedigen. Eine um seine Haussklavin zu sein. Und die stärksten zwei, um ihm zu helfen, das zu sehen, was auf der Hand liegt.
Gruhn:	Willi, die haben Angst, daß, wenn sie das sehen oder fühlen würden, was du siehst und fühlst, sie unfähig wären, damit fertig zu werden.

Heller:	Richtig, unfähig damit fertig zu werden. Unfähig, ihre dreckigen Jobs zu tun. Bankrott, versagt, erledigt!
Reich:	Niemand sitzt in einem amerikanischen Gefängnis wegen klarem Denken. Wenn erforderlich, werde ich mich selbst verteidigen und ihr beide habt als Zeuginnen von Rang die Gelegenheit, meinen Charakter darzulegen. (präsentierend) Lydia Heller, vornehmste Autorität in Sachen Märtyrer.
Heller:	Du vor Geschworenen? Nicht, wenn wir das verhindern können. Du würdest ihnen Vorträge halten über Vitalität, Stärke und Selbstachtung, und sie würden einschlafen. Und während sie schlafen, würdest du ihnen einen Vortrag halten über Männlichkeit, Anstand und Respekt vor dem Gesetz und sie würden aufwachen, um dich zu hassen. Kein Wunder, daß du von Märtyrern sprichst. Kein Wunder, daß du Thomas More und Galileo und Giordano Bruno anführst. Du klopfst an deren Tür.
Reich:	Wenn es euch beide beruhigt, werde ich Richter Mullhouse nochmals schreiben und ihn zur Besinnung bringen.
Gruhn:	Er benutzt die einzige Besinnung, die er hat, und die benutzt er gegen uns.
Reich:	Der Mann kann dem Gesetz gegenüber nicht taub sein.
Gruhn:	(traurig) Verlange nicht zuviel, Willi. Erwarte von denen kein ehrliches Spiel.
Reich:	Wir müssen es. Wir müssen Integrität verlangen.
Heller:	Richtig, Willi, dies ist Gottes Land. Der liebe Gott, in seiner unbegrenzten Weisheit, hat sein üppiges und reiches Land gesegnet, und er hat die Anwälte verflucht. Warum willst du nicht zugeben, daß du deine Hoffnungen auf schwache und entstellte Männer setzt? Du wirst dich nicht zufriedengeben, bis sie dich festnageln. Na, Ellen, sollen wir zusehen? Sollen wir auf den Berg folgen oder sollen wir an seinem Grab auf das Wunder warten?
Reich:	(heiter) Als Kind habe ich von Gewissensmärtyrern geträumt.
Gruhn:	Wenn ich von noch einem Opfer höre, werde ich schreien.

Reich:	Ich vermute, ich habe die Identifizierung überwunden, seit ich die Funktion des Orgasmus herausgefunden habe.
Gruhn:	Jetzt, da du es auf diese Weise darstellst, <u>werde ich</u> zum Gerichtsgebäude gehen und mich um einen Anwalt kümmern.
Heller:	Komm, liebste Ellen. Laß uns ein bißchen an die frische Luft gehen. Wir müssen überlegen, wie wir diesen Ort hier leiten werden, nachdem er in den Himmel aufgefahren ist. Komm. Wir werden in den Garten gehen und eine freundliche Stelle suchen, wo wir sein Denkmal aufstellen. (sie gehen Arm in Arm. Reich setzt seine Arbeit fort. Die Lichter verblassen)

11. Szene

Hinweistafel: Neun Monate früher: Juni 1954.

In McNultey's Büro befinden sich ein Filmprojektor, eine breite Leinwand und ein Kassettenrecorder.

McNultey: Okay, okay! Laßt uns sehen, was ihr Jungs habt. Macht es aber kurz. Die Maschinerie der Welteroberung schläft nie.

McBride: Hört' das mal von unserem Kandidaten: (liest) „Patriarchat bedeutet den Übergang der Vorrechte von der Frau auf den Mann, von der sexuellen Freiheit zur Ehepflicht. Wie unsere Studien über die Irokesen zeigen, ermöglichen die Verbote innerhalb der patriarchalen Ehen den Männern, die Frauen zu dominieren."

McNultey: Welche Irokesen? Haben wir die nicht alle erledigt?

McBride: (öffnet ein anderes Buch) Dieser Reich muß denken, daß er der letzte Mohikaner ist. Hier haben wir alles, ausgenommen nur die Skalpierung der Großmütter. (liest) „Sexuelle Unterdrückung lähmt die geistige Kraft der Kinder und verbraucht eine Fülle von psychischer Energie, die ansonsten in Handwerk und Kreativität investiert werden könnte. Warum kann die Gesellschaft keine anderen Antworten auf die sexuellen Bedürfnisse von Kindern geben, als Ausflüchte und Leugnungen?" Wären damit Wahlen zu gewinnen?

McNultey: (gelangweilt) Kinderkram. Wir retten das Land vor dem Sozialismus und mein Stab erforscht das Gestrüpp wie eine Buschpatrouille.

McBride: Aber Boss, die Irokesen und die Buschpatrouille sind Teil eines Planes. Dieser Reich ist gegen Heirat und Familie. Da kritisiert er die Schulen, dort ist er unglücklich über den elektrischen Stuhl. Da nörgelt er über Gefängnisse, dort kritisiert er unsere Irrenanstalten. Das verschafft uns einen Überblick. Tu die Irokesen mit dem elektrischen Stuhl zusammen und wir haben das große Bild.

McNultey: Kein Bücherquatsch mehr, meine Knaben. Theorien erinnern mich an mein Jurastudium.

McBride:	(schaut mit Verachtung auf das Buch) Nun, wenn ich gezwungen bin zu gestehen, diese Literatur ist das Kind von Herbie.
Grossman:	Richtig, Chef, mein Kind, aber ich habe auch hartes Zeug. Der Rest ist genauso betoniert wie Hitlers Bunker. (schaltet den Filmprojektor ein. Bilder von einem kleinen Akkumulator erscheinen auf der Leinwand)
McNultey:	Sieht aus wie eine Brotbüchse. Gibt das Ding dem Feind Stärkung?
Grossman:	Das ist die erste Energiekiste. Sie ist die Grundlage für die Redram-Therapie.
McNultey:	Patienten tun ihre Pimmel da rein?
Grossman:	Das nicht gerade, doch es steht für unseren Fall im Mittelpunkt.
McNultey:	Jesus, wenn ihr Jungs keinen größeren Fisch an Land ziehen könnt, werdet ihr eure Ruten zurückgeben müssen. Wie sieht er eigentlich aus? (ein Bild von Reich erscheint auf der Leinwand)
McBride:	Prächtiger Rammler, nicht wahr?
McNultey:	(mit ersten Anzeichen von Interesse) Für mich sieht er nicht wie ein Akademiker aus.
Grossman:	Es wird noch besser, wenn wir weitergehen. (Bild von Heller erscheint auf der Leinwand)
McNultey:	Sein Klotz am Bein?
Grossman:	Nein, die Mutter seines Sohnes und eine fanatische Linke.
McBride.	Eine gefährliche Blaustrumpfradikale, nicht wahr, Herbie?
Grossman:	Eine marxistisch-feministische Männerhasserin. Sie arbeitet im Institut mit seiner Ehefrau.
McNultey:	Jetzt läuft es endlich auf was hinaus, Jungs. Ein behagliches linksradikales Luxusbordell mit sexuell überreizten Wissenschaftlern. Sie hüpfen alle nackt umher, treiben es wie Kaninchen und gebären Wunder.

Grossman:	(projiziert ein Bild von einer attraktiven jungen Frau) Eine Assistentin, deren Hingabe jeglicher Art zu den Forschungen des alten Doc keine Grenzen kennt.
McNultey:	Ich sehe keine Orgie. Wo sind die Bilder von Orgien? (Grossman projiziert ein Foto von einer verbitterten Frau, deren Gesicht wie eine Maske von gefrorener Rage erscheint)
McBride:	Der liebe Gott bewahre und rette uns vor der Versuchung.
McNultey:	Keinen Trost für den Feind.
Grossman:	Eine ehemalige Patientin. Sie sagt, daß die Orgasmustherapie nicht funktioniert hat, und daß Reich ein Betrüger ist. Sie hat kein neues Material, aber sie wartet mit Hummeln im Hintern auf ihre Aussage.
McNultey:	Noch eine Irre?
Grossman:	Sie besteht darauf, daß er der öffentliche Feind Nummer Eins ist.
McNultey.	Eine weitere, die bedeppert ist.
Grossman:	Die könnten wir hinbiegen. Die wäre wie eine trainierte Seekuh, wenn sie aussagt.
McNultey:	Haltet sie im Wäschekorb. Wir werden das hier gewinnen ohne zusätzliche Geisteskranke.
Grossman:	(auf der Leinwand ist ein großer Akkumulator zu sehen) Das ist eine spätere Version der Energiekiste. Er benutzt sie nicht nur für seine Patienten. Er leiht sie auch an Ärzte in mindestens vier Bundesstaaten aus.
McNultey:	Dann denken die, daß sie was taugt.
Grossman:	Wir könnten sie vom Gegenteil überzeugen.
McBride:	Wir nennen sie die Wunderkiste, da sie ihren Zauber auf laufende Nasen, Krebs, Wechseljahre und Windelwundenhautausschlag legt. Mit einem Extrateil zaubert sie auch Impotenz weg.
McNultey:	Wurdest du auch verzaubert?

McBride:	Ich bin ein objektiver Ermittler. Alle Glieder funktionieren perfekt.
McNultey:	Macht er große Geschäfte mit dem Zubehör?
Grossman:	Genug, um ein Phantasieforschungsinstitut zu unterhalten.
McBride:	(zu sich selbst) McBride ist ein Genie. Er ist auf der 15-Yard-Linie, auf der zehn, auf der fünf, er ist drinnen.
McNultey:	Kümmert er sich auch um Herz- und Krebspatienten?
Grossman:	Um solche und alle anderen dazwischen.
McBride:	Er heilt sogar Frigidität.
McNultey:	Laßt uns die Fotos ansehen.
McBride:	Wir arbeiten daran, Boss. Wir kriegen bald was.
Grossman:	(auf der Leinwand ist Reichs Labor mit Ausstattung und Mitarbeitern zu sehen) Hier kommt der heikle, der technische Teil. Doktor Reich kann unseren Plan kaputtmachen, wenn wir nicht aufpassen.
McNultey:	Erspar' mir das. Besorgt mir Dreck, der hängenbleibt. Ich kann meine Zeit nicht mit Details verschwenden.
Grossman:	Sie haben mein bestes noch nicht gesehen, Chef. Das hier ist weniger als die Hälfte meines Materials.
McNultey:	(zerstreut) Wir versenken dieses Schiff das nächste Mal.
McBride:	Heule nicht, Herbie. Rom wurde nicht an einem Tag zerstört.
Grossman:	Ich hatte das schönste Material für den Schluß aufgehoben.
McNultey:	In fünfzig Minuten startet ein Flugzeug mit dem Kandidaten McNultey an Bord. Er hält in Chicago eine Rede über „Demokratie oder Barbarei, der Bürger hat die Wahl."
Grossman:	Ich habe Aufnahmen von Reichs berüchtigtsten Reden.

McNultey:	Die einzigen berüchtigten Reden, die mich interessieren sind die, die ich selbst halte.
Grossman:	Bis 1933 hat er für die Deutsche Kommunistische Partei gearbeitet. Ein Immigrant hat erzählt, daß er dahinter nur seine Aufträge von den Nazis versteckt hat.
McNultey:	Jemine, noch ein Nazi. (McBride und McNultey legen die Papiere für die Reise zusammen)
McBride:	(stichelnd) Versuch es nochmal mit den Irokesen, Herbie. Als du über die Irokesen gesprochen hast, warst du wie Dynamit. (ahmt einen Indianerruf nach) Zu schön für die Welt. Der Staatsfeind Nummer Eins kriegt die Axt.
Grossman:	(resigniert) Dieser humanistische Menschenfeind hat sich selbst als ein antisemitischer Zionist entpuppt.
McNultey:	Nichts ist feiner als ein weißer Jude.
McBride:	Versuch es mit Inzest, Herbie. Du würdest gut drauf sein mit Inzest.
McNultey:	Sportsfreunde, wo ist das Buch von der letzten Reise?
McBride:	„Massaker auf der Rattlesnake Ranch"?
McNultey:	Nein, es war mehr was wie Bravo oder Rio Bravo oder Bravo ihr tapferen Kugeln.
McBride:	„Tapfere Männer und sausende Kugeln". Ich finde es, Boss.
McNultey:	Anwaltsjunge, jetzt verdienst du dein Geld. (betritt sein Büro. McBride wühlt in Schubladen und Schränken)
Grossman:	(zu sich selbst) Dieser linksradikale Nazi verachtet Baseball, Donald Duck und den Wilden Westen. Seit zwanzig Jahren völlig geisteskrank überlistet er unsere Gesetzgeber mit verlogener Reklame. Als überkandidelter Forscher gibt er mit staatlichen Zuschüssen Millionen aus und zahlt keine Steuer. Nicht zufrieden damit, die feministische Befreiung in jeder Toilette quer durchs Land zu predigen, provoziert dieser Dr. Jekyll die Demokraten und die Republikaner in gleicher Weise, in dem er offen eine Nudisten-

Partei gründet. Für Kinder mit Heuschnupfen verschreibt er Inzest. Für Nasenhöhlenprobleme verschreibt er Sodomie, und es kommen zu Tausenden neue Patienten. Wenn wir ihn nicht aufhalten, liebe Freunde, wird dieser wortgewaltige Forscher unsere Handelskammer durchdringen, wird unsere Führer durchdringen, wird die kleinen Pfadfinder von Amerika durchdringen, wird unsere lieben unschuldigen Bengel durchdringen, wir unsere Heinzelmännchen durchdringen, wird unsere Ruten durchdringen. Gott, was für eine Ordnung. Was für ein Unzucht treibendes Irrenhaus. (McNultey kehrt zurück)

McBride: (Mit prahlender Geste ein Buch reichend) „Tapfere Männer und sausende Kugeln"!

McNultey: (entzückt) Du bist ein Gelehrter unter den Anklägern.

McBride: Ich wünsche, Herbies Mutter könnte ihn jetzt sehen.

Grossman schaltet den Kassettenrecorder ein. Reich ist ein unerwartet eindrucksvoller Redner. Während der Recorder läuft, hält Grossman seinen Kopf, während McNultey und McBride anscheinend unberührt von Reichs Stimme die stumme Komödie des Wühlens und Aktentaschenpackens zu Ende bringen.

Reichs Stimme: Wissenschaftler, die sich auf mechanische Experimente beschränken, haben genügend Gründe, sich selbst zu mißtrauen. Ihre Charakterzüge verhindern klares Denken. Sie ahmen die Organisierung einer Fabrik nach, wenn sie das Gehirn als väterlichen Chef und die Körperorgane als Arbeiter betrachten. Solche Wissenschaftler umgeben sich mit hinderlichen Instrumenten und gehemmten Kollegen. Im Laufe der Zeit widersetzen sie sich allem, was spontan und einfach ist, so, wie die Kollegen, die meine Akkumulatoren zu nichts anderem als einer Metallkiste verspottet haben, wobei ihre Vorurteile sie davon abhalten zu sehen, daß nichts weiter nötig ist, um Heilung zu befördern. Solche Wissenschaftler disqualifizieren sich selbst, sie dienen unzulässigen, oft tödlichen Zielen; ihr krankhafter Einfluß verbreitet sich auf Kosten unserer Gesundheit. Während sie ihre eigene disziplinierte Leblosigkeit in Waffen für unbegrenztes Gemetzel reproduzieren, wächst in uns ein Bedürfnis gescheiter und stärker zu sein, ein Bedürfnis, die geheimnisvolle Energie, die uns umgibt, zu erfassen. Das Geheimnis ist mit Risiken vernagelt, dennoch darf der Kampf für die unbehinderte Energie nie nachlassen.

Wir müssen Vergnügen und Intellekt, Traum und Tat, Liebe und Autorität, Eros und Gewissen zusammenführen. Wir brauchen vergnügliche erotische Ströme ohne Schuld oder Angst. Wir brauchen die mutigen Wörter, durch die der Meisterdichter uns zu Sinnen ruft:

> Energie ist ewige Lust.
> Der Stolz des Pfaus ist die Herrlichkeit Gottes.
> Die Wollust der Ziege ist die Güte Gottes.
> Die Nacktheit der Frau ist das Werk Gottes.
> Der Fuchs verdammt die Falle, nicht sich selbst.

Grossman schaltet das Gerät ab und hält seinen Kopf in beiden Händen.

McBride: (mit gedämpfter Stimme) Weine nicht, Bubbie.
Du wirst deinen Schniedebutz noch rächen.

McNultey: Ruhe dich ein bißchen aus, Herbie.

Grossman: (matt) Genießt Eure Reise.

McNultey: Und mach dir keine Sorgen über, wie heißt er, „den Orgasmuskönig". Er ist schon kälter als der Arsch eines toten Kindes.
(legt seinen Arm um McBride und geht mit ihm raus. Grossman sinkt in einen Stuhl. Blackout)

12. Szene

Hinweistafel: Sieben Monate früher: Dezember 1953.

Reich und Gruhn im Labor. Ein schwächer beleuchteter Teil der Bühne deutet einen Raum außerhalb des Labors an.

Gruhn: (hält einen Brief in der Hand) Diesmal ist es eine gerichtliche Vorladung und eine Androhung einer Unterlassungsklage. Der Anwalt sagt, daß wir gegen die Beschuldigungen Einspruch einlegen müssen oder du wirst einen Prozeß am Hals haben.

Reich: Du meinst eine Verhandlung, nicht einen Prozeß. Eine Verhandlung. Jedesmal, wenn ich zu einer Gruppe rede, sogar zu einer Gruppe von Psychiatern, weiß ich, wie nahe dran wir sind, ins Mittelalter zurückgeworfen zu werden.

Gruhn: Ich meine einen Prozeß. Grossman sagt, daß sie nicht so viele Märchen aushecken würden, wenn sie nicht auf etwas aus wären.

Reich: Es erinnert mich an Freud, der mir erzählte, wie Ärzte in Wien wollten, daß die Polizei sein Büro schließt. Jetzt stellen deren Enkelkinder zu seinen Ehren ein Denkmal auf.

Gruhn: Laß die Toten die Toten begraben.

Reich: Spottest du über mich?

Gruhn: Nein, ich zitiere Lydia. Führe dein Pferd und deine Karre über die Knochen der Toten.

Reich: Lydia ist dabei, meinen Lieblingsdichter zu plagiieren. Und soweit ich die Wiener kenne, wird das Denkmal (gestikuliert leicht unterhalb der Taille) so hoch sein und in einem entlegenen Hof stehen. Er war ein wunderbar ehrliches Wesen - das mutigste, das ich je gekannt habe.

Gruhn: Ohne dich mitzuzählen.

Reich: Mich mitgezählt. Großartig. Ein ganz, ganz großartiger Mann.

Gruhn: Denkmäler sind billig und Freud ist tot. Was ist mit der Vorladung?

Reich:	Was sagt Lydia?
Gruhn:	Nichts, was uns helfen würde.
Reich:	(ernüchtert) Wenn die Experten in Washington den Akkumulator haben wollen, dann können sie ihn kriegen.
Gruhn:	Du willst also aussagen?
Reich:	Wir sind schon zu oft Flüchtlinge gewesen.
Gruhn:	Heißt das, du wirst ihre Fragen beantworten?
Reich:	Eine einzige Sache mußt du dir merken, Ellen. Ich kann sie nicht von etwas überzeugen, das sie nicht im Stande sind zu begreifen.
Gruhn:	Wenn Grossman Recht hat, müssen wir die Anklagepunkte der Regierung widerlegen.
Reich:	Die Assistenten von Einstein haben nicht mal die Hälfte von dem verstanden, was ich ihnen gezeigt habe.
Gruhn:	Und der Ankläger wird mit handverlesenen Experten aufwarten. Lydia hat ein Buch von so einem Experten, der behauptet, daß all dein Ärger in Skandinavien deine eigene Schuld gewesen ist. Und er zitiert einen anderen Experten, der dich als Psychopath bezeichnet. Eines Tages werden sie sich unsere Ideen einverleiben, akzeptieren werden sie uns jedoch nicht. Sie werden unsere Ideen unter anderen Namen verbreiten und sie als ihre eigenen verkaufen. (Heller tritt ein)
Heller:	Du bist dabei, deinen Anwalt zu verlieren. Immer, wenn er in der Therapie Fortschritte macht, erschreckt er sich. In der heutigen Sitzung war er wieder hysterisch und brachte wilde Drohungen hervor.
Reich:	Jeder ist zu etwas gut. Grossman spezialisiert sich in Drohungen.
Heller:	Er sagt, er könne dich ins Gefängnis bringen.
Reich:	Das sagt er jedesmal, wenn er sich selbst übertrifft.

Heller:	Wann immer wir das Zucken in diesem Maskengesicht ein bißchen auflösen, sagt er, daß ich ihn zerstöre. (Grossman tritt ein)
Grossman:	Sie betrügen mit Ihren Frankenstein-Ideen, Sie wußten die ganze Zeit über, daß sie mir nicht helfen kann. Heute habe ich das Kind meines Nachbarn angegrapscht. Ich habe niemals an das Kind gedacht, bis Sie anfingen, mir im Gehirn herumzuwühlen. Dachau-Doktor! Feiner Landsmann! Gelitten haben sie noch nicht!
Heller:	Gehen Sie nach Hause, Herr Grossman.
Reich:	Ja, gehen Sie nach Hause, Herr Grossman, nehmen Sie zwei von Ihren Tabletten, nehmen Sie ein heißes Bad und gehen Sie für 12 Stunden schlafen. Wir können Sie morgen anrufen und Ihnen eine Empfehlung für eine Therapie anderswo geben.
Grossman:	Ich will keine Empfehlung, ich will Ergebnisse. Sie sagten, daß ich mich sicher fühlen würde. (deutet auf sein Gesichtszucken) Bedeutet das etwa sich sicher fühlen? Und was ist mit meinem Magen? Dort liegt die Angst. Niemand kann mit dieser Art von Angst leben!
Reich:	Ich hatte Ihnen geraten aufzuhören...
Grossman:	Sie haben mir nichts geraten. Sie haben nicht das getan, was nötig war.
Reich:	... aufzuhören, sich selbst zu mißhandeln, aufzuhören, Vorgesetzte zu imitieren, die Sie mißhandeln. Ich hatte Ihnen von Lagerinsassen erzählt, die ihre Aufseher an Barbarei noch übertroffen haben. Ich habe Sie gewarnt...
Grossman:	Nichts haben Sie. Sie haben mir nicht das gesagt, was ich hören wollte.
Reich:	... daß Sie sich selbst zerstören, daß Sie sich anpassen, daß Sie Autoritäten nachahmen und sich dabei Ihres Verstandes berauben.
Grossman:	Nennen Sie mich nicht verrückt! Ich bin genauso bei Verstand, wie Sie es sind. Sagen Sie nicht verrückt!
Heller:	Sie sind verantwortlich, Herbie Grossman. Sie haben den Vertrag gebrochen.

Grossman:	Hure, was weißt du über seine Versprechungen? Orgastische Potenz, ohne Angst oder familiären Druck, ohne törichtes Gewissen oder falsche Schuld! Es braucht zwei für den gezinkten Tango. Ich habe es nicht alleine verhunzt!
Gruhn:	Mein Gott, wie schade.
Grossman:	(zu Reich) Wir haben Ihnen geholfen, die Bundesagenten abzu-schütteln. Mein Vater hat das für Sie erledigt. Wenn Sie nicht das tun, was verlangt wird, werden die morgen wieder hinter Ihnen her sein. (Grossman verläßt das Labor. McBride macht zwei Schritte hinein in die Bühne)
Gruhn:	(sieht sich um) Ich fühle, daß ich hier nicht mehr lebe.
Grossman:	(zu sich selbst) Du wirst bezahlen, daß es dir zur Nase rauskommt. Fertig! Mit dir werde ich nie fertig sein!
Gruhn:	Ein jämmerlicher Narr. Es muß eine andere Art geben, ihm zu helfen.
Heller:	Ja, Ellen, schade um den armen Tyrann. Er fühlt sich nicht wohl, solange er nicht auf jemanden loshämmert.
Gruhn:	Jeder Faschist war mal ein kleines Kind. Wir können sie nicht als totes Fleisch abschreiben.
Heller:	Größtenteils ist er totes Fleisch. Er akzeptiert nicht mal seine eigenen Gedanken.
Reich:	Du hast Recht, Ellen. Warum sollte man dem Narren nicht helfen, bevor es mit ihm schlimmer wird? Nur, weil Männer gemacht wurden, die der weiblichen Energie nicht ins Gesicht sehen können.
Heller:	Er kann seiner eigenen Energie nicht ins Gesicht sehen. Er hat vor sich selbst zu viel Angst, und er wird sich nicht ändern. (geht ab)

Grossman:	(außerhalb des Labors) Held ohne Ängste. Großer maskuliner Mann mit seinen heißen Schlampen. Der große Lump ohne Ängste denkt, er hat uns im Sack. Denkt, er weiß, was er mit seinem fetten Riemen zu machen hat. Doch wir sind das Recht, das Recht, ein Rechtsanwalt, ein Rechtsanwalt und wir wissen, wo man die Klinge ansetzen muß.
McBride:	Schlimme Nacht, hä?
Grossman:	Er hätte mir keine Hoffnungen machen sollen. Ich habe an ihn geglaubt, wie ich an meinen Vater geglaubt habe.
McBride:	Sieht aus, als ob du die meisten Tränen vergossen hast.
Grossman:	Er ist schlimmer, als ich gedacht habe. Er ist ein kommunistischer Spion.
McBride:	Du liebe Zeit, willkommen in der realen Welt. Damit hast du bei den Gewinnern angeheuert. Onkel Sam mag kluge Jungs, die auf Gewinner setzen.
Grossman:	Versprechen Sie mir, daß Sie ihn vernichten werden. Versprechen Sie es mir!
McBride:	(gelassen) Wozu? Nichtigkeiten überlassen wir anderen. Unsere noblen Absichten sind für jeden erkennbar.

Auf ein Zeichen von McBride, dringen fünf Untersuchungsbeamte in das Labor ein. Einer übergibt Reich ein Dokument, welches er und Ellen erfolglos zu verstehen versuchen. Ein anderer macht Fotos mit Blitzlicht und drei beginnen grob, mit Teilen der Laborausstattung zu hantieren. Als Reich sich einmischt, legen ihm die Beamten Handschellen an, beugen ihn über einen Stuhl und durchsuchen ihn. Ein anderer drängt Ellen aus dem Raum.

McBride:	Ich hoffe, daß dein spitzer Radikaler nicht so verrückt ist, sich dem Arrest zu widersetzen.
Grossman:	(findet sein Element) Er ist gewiß verrückt, doch die Frauen sind schlimmer. Wir werden sie mitnehmen müssen.
McBride:	Verbreite es in der Welt, Herbie!

Grossman:	(begeistert) Diese Frauen müssen zum Schweigen gebracht werden. Wir müssen sie so gewaltig einzwängen, daß ihr Gehirn zusammenschrumpft. Sie müssen so, bis auf die Knochen - erstarrt – erschrocken sein, daß sie sich nicht mehr aufrichten.
McBride:	Herbie, Fürst der Spione.
Grossman:	Und die haben Anhänger. Eine Menge.
McBride:	Wo?
Grossman:	(Auf das Publikum zeigend) Da draußen.
McBride:	(stille Verachtung) Dann lege eine Akte für jeden von ihnen an. (einen Arm um Grossman legend) Genie. Ein absolutes Genie. Unser Goldjunge.

- VORHANG -

WALT HASTINGS

FÜRST BISMARCK

(Übersetzung aus dem Amerikanischen von Hartmut W. Heck)

PERSONEN:

Fürst Otto von Bismarck

Fürstin Johanna von Bismarck

Marie von Bismarck

Herbert von Bismarck

Prof. von Rauch

Dr. Vogelweh

Dr. Springer

Gerson von Bleichröder

Katya

Magd

ERSTER AKT

Musik aus Lautsprechern. Ungefähr dreißig Sekunden von Wagners "Ritt der Walküre", gefolgt von einem wahnsinnigen Gebrüll einer großen Menschenmenge. Das ununterbrochene und anscheinend ekstatische Gebrüll dauert noch ungefähr fünfzehn Sekunden. Der Vorhang geht auf, zu sehen sind drei nähende Frauen. Fürstin Johanna von Bismarck, ihre Tochter Marie und ihre Dienerin Katya. Sie nähen Militärkostüme.

In ihrer Nähe befinden sich zwei Schneiderpuppen, halb bekleidet mit dem Rest der Kostüme. Eine Puppe hat einen komischen falschen Bart, der sie dem Kronprinzen Friedrich und späteren Kaiser Friedrich III. ähneln läßt. Die andere Puppe suggeriert einen russischen Feldmarschall. An den Wänden befinden sich Portraits der Eltern des Kronprinzen, Kaiser Wilhelm I. und Kaiserin Augusta. Auf einem Tisch liegt ein Militärhelm. Rechts auf der Bühne steht ein großer Globus.

Der große Wohnraum befindet sich in einem immens großen Wohnhaus, mit ungefähr sechzig Räumen, auf dem Anwesen von Friedrichsruh im Sachsenwald, nicht weit von Hamburg. Der Dekor ist nicht das, was man von einem Neureichen erwartet, er ist weder chic noch vulgär noch prahlerisch. Die Bismarcks, mit anscheinend wenig Interesse an Möbeln, haben einen nicht leicht auszumachenden Stil gewählt, den man vielleicht "rustikal" nennen könnte.

Obwohl die Familie für Jahrhunderte der Junker Aristokratie angehört hat, ist ihr Reichtum jung, ein Resultat des Französisch-Preußischen Krieges, der mehrere deutsche Staaten im Deutschen Reich, unter dem Preußen König ihelm I., nun Kaiser Wilhelm I., vereinigt hat. Derselbe Krieg hat aus dem Grafen Bismarck (ein Titel, aus dem Krieg von 1864 gegen Dänemark), einen Fürsten gemacht.

Die Doppeltüren, auf der rechten Bühnenseite, führen zur Bibliothek; die Doppeltüren auf der Hinterbühne führen zu den Warteräumen und zur Küche; eine Doppeltür auf der hinteren linken Bühnenseite, enthüllt eine Terrasse, eine Wiese und einen Wald.

Fürstin Johanna von Bismarck, ungefähr fünfundfünfzig Jahre alt, ist oft grimmig und streng, zudem ist sie mit starken Überzeugungen ausgestattet. Ihr unkritisches Nachsprechen der meisten Werte ihres Mannes, hat ihr eine verschanzte Position geschaffen, mit einem energischen Sinn für Gerechtigkeit und einem ausgeprägten Ekel für Politik und Politiker.
Ihre attraktive Tochter Marie, in der Mitte der Zwanziger, scheint oft viel jünger. In einem Moment kann sie intelligent und lebhaft und im nächsten rührselig, depressiv und kindisch sein.

Ihre Dienerin Katya ist fünfunddreißig Jahre alt und sie kennt ihren Platz. Mit ihrem langen Dienstverhältnis bei den Bismarcks wurde sie als Teil der Familie akzeptiert, und man überließ ihr die Oberaufsicht über die Köche und das übrige Personal. Sie erledigt ihre Arbeit gut.

Marie:	Katya, wieviel Kaviar kam mit den Lerchen und Moorhühnern?
Johanna:	Nicht Moorhühner, Fasane.
Katya:	Zwanzig Pfund Kaviar. Herr von Bleichröder hat noch sechs Kisten russischen Champagner geschickt.
Marie:	Zwanzig Pfund. Neunzehn für Papa und ein Pfund für uns.
Johanna:	Und wir sollten dem Allmächtigen danken, für das Pfund, das Papa uns gibt.
Marie:	Kaviar und Fasane. Onkel Bleichröder ist viel großherziger, als andere Freunde von Papa.
Johanna:	Bestimmt gibt es gute Gründe dafür. Dessen kannst du sicher sein.
Marie:	Erinnerst du dich an die Spielzeugkanone, die Herbert zu seinem neunten Geburtstag geschenkt bekam?
Johanna:	Ich wünsche, ich könnte das vergessen. Sein erstes Abfeuern hat den Geflügelstall in Brand gesetzt.
Marie:	Papa sagt, das Artillerietraining kann nie zu früh beginnen. (hält die Kostüme zur Inspektion hoch). Katya, werden wir die Kostüme je fertig bekommen? Diese Bälle sind so ermüdend. (unruhig, aufstehend um zu sehen, was Katya tut). Warum muß Herbert als ein englischer Admiral gehen?
Johanna:	Du solltest Herbert fragen.
Katya:	Der junge Herr von Bismarck wird fesch aussehen als englischer Admiral.

Marie:	(gereizt) Herbert ist ein Pfau. (sie bekommt einen strafenden Blick von Johanna) Das ist meine Meinung. Ich habe ein Recht auf meine Meinung. (unaufhörlich die Kostüme prüfend) Ich fürchte, daß Papa mit diesen französischen Dekorationen nicht einverstanden sein wird. Seit wir Paris bombardierten, will er nichts mehr von Frankreich hören.
Johanna:	Wirklich, Marie, du weißt, daß Papa viel zu sehr Kosmopolit ist für solche Gedanken.
Marie:	(unsicher) Sicher... einige Menschen pflegen den Groll. Und sie trachten danach, Rache zu führen.
Katya:	Das ist wahr, wenn ich es mir recht überlege.
Johanna:	Ich bin sicher, daß das Bombardement auf Paris in Papa keine Ressentiments hinterlassen hat.
Katya:	Ja, das sehe ich genauso.
Marie:	Armer Napoleon. (bekommt keine Antwort) Der Mann hatte einen niedlichen Schnurrbart. Und schelmische, graue Augen. Und was für Hände! (ein scharfer Blick von Johanna) Eigentlich war er ein schmucker, lieber Mann, nicht wahr?
Johanna:	Den einzigen schmucken, lieben Mann, den ich kennengelernt habe, ist dein Vater.
Marie:	Und wie er gelitten hat!
Johanna:	(schließlich interessiert) Gallensteine sind eine Kreuzigung, dessen kannst du sicher sein. Ein erbärmlicher Tod für Helden. (argwöhnisch) Hast du wieder mit Herbert über Politik gesprochen?
Marie:	Nein, Mutter.
Johanna:	Du weißt, was Papa darüber sagt.
Marie:	(niedergeschlagen) Es hat keinen Sinn, sich dem Papa zu widersetzen.

Katya:	Fürst Bismarck ist unwiderstehlich. Er kann jeden dazu bringen, den eigenen Standpunkt in Zweifel zu stellen.
Johanna:	Er trägt arg am Wohl des Landes. Wir tragen viel an ihm mit.
Marie:	Herbert sagt, daß sich Papa zu sehr auf Onkel Bleich verläßt. (keine Antwort) Ich liebe Onkel Bleich, aber ich verstehe nicht, weshalb Papa so vernarrt in ihn ist.
Johanna:	Wir akzeptieren solche Sachen als von Gott gegeben. Und dein Vater ist nicht vernarrt, Gott sei gelobt.
Katya:	Amen.
Marie:	Herbert sagt, Onkel Bleich ist ein Scharlatan.
Johanna:	Unsinn. Scharlatane haben Angst vor Papa, weil er sie durchschaut.
Katya:	Das ist auch meine Meinung. Der Fürst hat Augen wie ein schwarzer Adler.
Marie:	Ja, Herbert...
Johanna:	Herbert hat noch vieles zu lernen. (alle drei lachen) Jedem Junker würde es gefallen, seinen eigenen jüdischen Bankier zu haben. Unser König und Kaiser hat den Baron Mayer-Cohn. Wir haben Onkel Bleichröder.
Katya:	Herr von Bleichröder war immer sehr gut zu mir. (Herbert von Bismarck tritt im eleganten Reitkleid ein. Er ist das einzige Mitglied der Familie, dessen Erscheinen kosmopolitische Haltung suggeriert. Im Gegensatz zu dem trüben, eintönigen Haushalt ist seine Kleidung fast exotisch.)
Marie:	Oh, hier ist unser Held. Hat er die Victoria geritten?
Herbert:	Ich habe Bill ausgeritten. Ich werde kurz zur Mühle gehen. Katya, sage Jacob, er soll Victoria bereitmachen.
Katya:	Sofort. (ab)
Marie:	Es muß jetzt sehr schön bei der Mühle sein. Grüße den Schmidt von mir.

Herbert:	Du wirst dem Schmidt bald Lebewohl sagen müssen, wenn er nicht umgehend lernt, Weisungen zu befolgen. Ich werde ihm ein letztes Mal klarmachen, wer hier Pferd und wer der Reiter ist. Gut, mein Kostüm sieht so aus, als würde es endlich auf etwas hinauslaufen.
Johanna:	Es sollte, mein Sohn. Wir arbeiten aufopfernd daran.
Herbert:	Eine sich lohnende Sache verlangt allerlei Opfer. Also spart nicht an Opfern und die Sache lohnt um so mehr.
Johanna:	Marie will wissen, weshalb du dich wie ein englischer Admiral brüstest.
Marie:	Ja, ich dachte, du wolltest Friedrich der Große sein.
Herbert:	Friedrich der Große... Vielleicht... aber jeder Sieg zu seiner Zeit. Dieser schlafenden Nation werden die Augen schon noch aufgerissen.
Johanna:	Erinnere dich an unsere Regel, Herbert. Moral ja, Politik nein.
Marie:	Oh, Mama, ist ein Maskenball Politik?
Johanna:	Aus kleinen Anfängen wachsen die großen Miseren. Dessen kannst du sicher sein.
Herbert:	Wenn Papa aufsteht, sagt ihm, daß ich mir die Post aus Berlin angesehen habe. Vor dem Tee sollten er und ich zwanzig Minuten spenden, das Deutsche Reich in Ordnung zu bringen.
Johanna:	Ich denke, Papa geht es besser. Es war albern von Dr. Preuss, von Nervenerschöpfung zu reden.
Marie:	Immerhin knurrt Papa jetzt nicht mehr wie ein geweckter Bär.
Johanna:	Marie!
Herbert:	In Berlin gibt es Gerüchte, die sich erschreckend schnell verbreiten. Angefangen von Papas Rücktritt, bis zum Krebs im Endstadium. Tah, tah, ich bin fort, die Bauern zu disziplinieren.

Marie:	Leb wohl, mein Held. Und sei lieb zu Victoria.
Herbert:	Aber den Gauner Schmidt werde ich lebendig häuten, so wie es der Bleichröder mit den ehrlichen Christen tut. (ab)
Marie:	Herbert steht ganz gegen Onkel Bleich. Ist das nicht albern!? (schaut auf das Portrait) Und Papa schimpft auf die Prinzessin Victoria und Kaiserin Augusta.
Johanna:	Ihre Männer kümmern sich auch nicht viel um sie.
Marie:	(unglücklicher als sie weiß) Herbert sagt, daß sie eine Intrige mit unseren Feinden haben. Und sie hetzen den Kaiser gegen Papa auf. Er sagt, daß es kein Ende für den Schaden gibt, den eine Frau anrichten kann.
Johanna:	Marie, du gehst zu weit!
Marie:	Herbert sagt, daß es in Berlin mehr englische Spione gibt als sonstwo auf der Welt. Er ist davon überzeugt, daß jede Botschaft von dem Kronprinzen an den Kaiser zuerst nach London geht, bevor sie den Kaiser erreicht. Und das wegen der englischen Frau. Wegen der Prinzessin Victoria.
Johanna:	(stille Verachtung) Was du brauchst, mein Kind, ist mehr Disziplin. Und mehr Eisen im Rückgrat.
	(Bismarck tritt ein. Ein großer Mann, grob und übergewichtig. Er ist ungefähr sechzig, aber man kann ihn für zehn oder zwölf Jahre älter halten. Unter den vielen neuralgische Beschwerden, die er hat, sind jene am ersichtlichsten, die seine Beine angreifen und manchmal sein Gesicht verkrampfen lassen. Er trägt mehrere Zeitungen in der linken Hand und hinkt schwer, ohne Benutzung seines Stokkes, den er auffallend über seinem rechten Unterarm eingehängt hat)
Marie:	Guten Morgen, Vater.
Bismarck:	(schroff) Guten Nachmittag.
Marie:	Hast du gefrühstückt?

Bismarck:	Vor einer Stunde. Hast du zu Mittag gegessen?
Marie:	Vor zwei Stunden. (Bismarck sitzt in seinem Lieblingsstuhl, öffnet eine Zeitung und schaut auf die zwei Frauen mit höhnischem Humor.)
Bismarck:	Na, mein Anarchist, was beschäftigt uns heute?
Marie:	(bekommt einen warnenden Blick von Johanna) Wir sprachen gerade über... über Herbert.
Bismarck:	War er in der Mühle?
Johanna:	Ja, er ist auch jetzt dort.
Bismarck:	(blickt auf die Uniform) Gehen wir zu einer Parade?
Marie:	Ja, mit Herbert. Katya sagt, er wird fesch aussehen, als englischer Admiral.
Johanna:	Oder als ein russischer Feldmarschall. Oder als Kronprinz.
Marie:	Oh, ja! Kronprinz wäre fabelhaft!
Bismarck:	Kronprinz! Fürst! Titel! Ein Glauben an dumme Wörter. Ich hätte viel lieber ein gutes Pferd oder ein Fass rheinischen Weins. (er stöhnt wegen eines plötzlichen Schmerzes)
Marie:	(steht auf) Ist es schlimm mit dem Bein, Vater?
Bismarck:	Nicht schlimm. Nicht so schlimm.
Marie:	(bringt einen Fußschemel) Es muß furchtbar schmerzen.
Bismarck:	Nichts um darüber zu schnattern. Herr Shakespeare kann in London bleiben. Hier spielen wir keinen Prinz Hamlet.
Johanna:	Dr. Preuss sollte sich nochmal dein Bein ansehen.
Bismarck:	Nicht Dr. Preuss. Auch wenn ich nicht mehr reiten kann, ich habe vor, mein Bein zu behalten. Ich habe genug über Amputation gehört, als ich Botschafter in Petersburg war.

Marie:	(leise) Papa, ich bitte dich. Nicht die Jagdgeschichte.
Bismarck:	Dort war die Philosophie, wenn du Schmerzen hast, soll man es abschneiden. Stell dir vor, während einer Wildschweinjagd, mit der ganzen Jagdgesellschaft des Zaren, dein Pferd stürzt und dein Bein wird zerquetscht. Töchter können sich so etwas nicht vorstellen.
Marie:	Oh, doch.
Bismarck:	Und Wölfe jagen? Elche jagen? Bären jagen?
Marie:	(Tränen nah) Selbstverständlich. Eben Bären jagen mit dem Zaren. Naja, die ganze Gesellschaft reitet den Viechern hinterher.
Johanna:	Marie!
Bismarck:	Ach ja, du kannst dir deinen alten Vater im Sattel vorstellen, für mehrere Tage? Du siehst ihn wie einen Rasenden über die Steppe reiten? Ach, Russland. Dieses riesige Russland. Du siehst nie das Ende davon. Ein weites Land. Großartig. (scheint etwas sagen zu wollen, schlägt stattdessen eine Zeitung auf; kurze Pause) Es ist Zeit, daß ich mich dem Bäumepflanzen widme. Die Engländer verschwenden ihr Holz. Wir haben den gesunden Menschenverstand und die Disziplin, unsere Wälder heilig zu halten.
Johanna:	Wir haben ausgedehnte Wälder. Ich erwarte, nicht mal ein Zehntel von unseren Bäumen zu sehen. Das ist doch ein anständiger Besitz. Ich will sagen, wir haben doch genug Bäume.
Bismarck:	Genug? Wir haben gerade mal ein bißchen Wohlstand. Läppisch. Wohlstand ist Pflicht, wahrer Reichtum sind Bäume, Bäume, Bäume. Niemand kann genug Bäume haben. Anders als mit den Politikern. Von Politikern wird man so krank, daß einem davon die eigenen Knochen verrotten. Wenn ich älter werde und nicht zurücktrete, werde ich mich wohl nicht mehr erinnern, weshalb ich hohe Ämter wollte.
Marie:	(verzückt) Papa, wie kannst du müde sein! Kanzler bist du erst seit sechzehn Jahren.

Bismarck:	(plötzlich selbstbemitleidend, eine seiner überraschenden Gewohnheiten) Jahre von sinnlosen Opfern. Eine Eisenzeit. Eisen und Blut. Krieg gegen die Dänen. Krieg gegen Österreich. Krieg gegen die Franzosen. Und warum? Alles, weil dein Vater gedacht hat, er muß sich in Politik auszeichnen, um einer schönen Frau Johanna von Puttkamer wert zu sein. (kurzer, scharfer Schmerzschrei)
Marie:	(beeilt sich zu ihm zu gehen, bei sich ein kleines Kissen, das sie hinter seinen Rücken tut) Ist es jetzt besser?
Bismarck:	Achte nicht darauf. Eine der kleinen Aufmerksamkeiten, die mir meine Neuralgie zeigt.
Johanna:	Vielleicht ist es zu lange her seit deinem Frühstück.
Marie:	Mama, ich glaube nicht, daß es ein Hungerzeichen war.
Johanna:	Gutes Essen beruhigt die Nerven. Und es sind immerhin noch zwei Stunden bis zum Tee. Ich werde eine Kleinigkeit bestellen.
Marie:	Professor von Rauch sagt, daß Papa nicht zwischen den Mahlzeiten essen soll.
Johanna:	(läutet) Professoren haben eine Menge zu lernen.
Bismarck:	Laß Katya bringen was du willst. Ich habe keinen Hunger. (Katya tritt ein)
Johanna:	Katya, bringe uns etwas von jenem wunderbaren Sherry. Sag mit Lachs und Wurst. Und sollten wir nicht etwas paté de foie gras nehmen? Heute früh ist frischer geliefert worden, auch Kaviar.
Bismarck:	(Papier raschelnd) Nichts für mich. Ich kann mir nicht erklären, was meinen Appetit ruiniert.
Johanna:	(zu Katya) Etwas foie gras in jedem Fall.
Marie:	(froh) Und etwas von unserem neuen Portwein.
Johanna:	Und eine Flasche Port, Katya.

Marie:	Und ein bisschen Kaviar.
Johanna:	Und etwas Kaviar. (Katya geht ab)
Marie:	(unbehaglich in der Stille) Was steht in den Zeitungen, Papa?
Bismarck:	Nichts.
Marie:	Und der Leitartikel?
Bismarck:	Auf der einen Seite Geschwätz und Verleumdung. Auf der anderen Seite Dreck und Ekel. Eine ideale Balance, wie unsere englischen Freunde zu sagen pflegen.
Johanna:	Es sind zu viele Zeitungen. Und sie haben zu viele Seiten.
Marie:	Herbert liest sie alle. Dann wird er wütend. (bekommt keine Erwiderung) Hilft dir noch das Preußenjournal, Papa?
Bismarck:	Überhaupt keine Hilfe. Die sind genauso gierig wie alle anderen.
Johanna:	Der Egoismus der Presse ist unverzeihlich.
Bismarck:	Sie füllen ihre eigenen Taschen und vergessen dabei ihr Vaterland. Dein Vater kann so eine korrupte, gierige, egoistische Presse nicht beeinflussen.
Johanna:	Otto, unsere Regel. Moral ja, Politik nein.
Marie:	(verletzt) Mama, meine Liebe, ich kann nicht meine ganz Zeit vertun mit Nähen. Und Stricken. Und Marmelade machen. Und...
Johanna:	Manche Themen sind nichts für eine Dame. Nichts für eine Dame mit Stolz.
Marie:	Herbert sagt...
Bismarck:	Herbert wurde geboren um zu regieren.
Johanna:	Wir müssen für Herbert eine Frau finden.

Marie:	Es wird nicht einfach sein. Er ist davon überzeugt, daß er der begehrteste Junggeselle in Europa ist.
Johanna:	ICH sehe keinen Grund für Aufregung. Wenn unser Vater drei Kriege in sieben Jahren gewinnen konnte und den König von Preußen zum Deutschen Kaiser machen konnte, kann er auch eine Frau für Herbert finden. (Katya tritt mit einem Serviertablett ein, gefolgt von einer Magd mit Weinflaschen. Sie stellen alles auf den kleinen Tisch und gehen. Im folgenden bedienen sich die Frauen mit dem Essen. Trotz anscheinenden Desinteresses nimmt Bismarck von jedem Teller.)
Marie:	Herbert sagt, daß die Regierung entscheidet, was eine Nachricht ist und was keine Nachricht ist. Er sagt, daß es in Deutschland keine einzige Zeitung gibt, die es ablehnen würde genau das zu drucken, was wir ihnen zu drucken geben.
Johanna:	Marie, bitte, dein Vater versucht sein Frühstück zu verdauen.
Bismarck:	(neckend) Gemäß Herbert sind die Journalisten für die Gesellschaft das, was die Schweinehirten für die Farmen sind; sie tragen die Jauche und verbreiten den Dung.
Marie:	Herbert wird ein vorzüglicher Politiker werden.
Johanna:	(auf die Schneiderpuppe zeigend) Nicht wie unser Kronprinz mit diesen englischen Verwandten. Als ob eine Heirat mit einem Ausländer nicht gefährlich genug wäre, er muß auch noch über die Thames gehen und den Hof machen.
Bismarck:	(weiter neckend) Herbert sagt, daß es kein Ende für den Schaden gibt, den eine Frau anrichten kann.
Marie:	(naiv) Er sagt auch, daß jedes Mal, wenn die Königin Victoria rülpst, unsere oppositionellen Zeitungen applaudieren. Er meint, daß der ganze Fortschritt, den wir hervorgebracht haben, von englischen Ideen ruiniert werden könnte. (bekommt keine Antwort) Welche Zeitungen sind eigentlich oppositionell?
Johanna:	Marie, darum mußt du dich wirklich nicht kümmern!

Marie:	Ich verstehe nicht, warum Journalisten so einfältig sind.
Bismarck:	Sie müssen ihre Leser zufriedenstellen (eine Zeitung haltend, als wäre es verfaultes Obst) Dieser Lappen zum Beispiel, wurde von meinem Agenten vor acht Jahren gekauft.
Johanna:	Das "Christliche Tageblatt"!? Du hast nie erwähnt, das "Christliche Tageblatt" gekauft zu haben.
Bismarck:	Ein Junker belastet seine Familie nicht mit Trivialitäten. Er hält die Tradition seiner Klasse aufrecht. Und bewahrt sein Frauenvolk vor der Hinterlist des Pferdehandels.
Marie:	Herbert redet über nichts anderes.
Johanna:	Herbert ist keine Dame.
Bismarck:	(eine andere Zeitung wählend) In Frankfurt, wo die Hunde an eingebildeter Unabhängigkeit leiden, haben sie einen Leitartikel gedruckt... (Zeitung durchsuchend) W-a-s sagen die doch? Ja, ja hier. "Wir müssen uns klar darüber sein, welches Übel unsere Nation mehr gefährdet, die Generale des Zaren oder unsere eigenen Sozialdemokraten."
Marie:	(entzückt) Vater, du hast oft dasselbe gesagt.
Bismarck:	(findet einen anderen Abschnitt) Sie hatten auch die Kühnheit zu schreiben: "Die Sozialdemokratie wirft eine größere Drohung auf Deutschland als alle Armeen Europas."
Marie:	Genau deine Worte, Papa! Bei dem letzten Besuch von Onkel Bleich sagtest du ihm, daß...
Johanna:	Genug, Marie!
Bismarck:	(brütend) Diese Wetterhahn-Journalisten. Sie haben die Barrikaden von '48 beschworen, indem sie schrieben: "Runter mit der Monarchie" Gebt uns ein geeintes Deutschland!" '48 war die schlimmste Demütigung meines Lebens. Jetzt ernähren sich dieselben Tiere an meinem Futtertrog. Und ich sorge mich so emsig um sie wie ein Wärter, der es mit seltenen Reptilien zu tun hat.

Marie:	Mutter, du wirst deinen Appetit ruinieren.
Johanna:	Nichts ruiniert meinen Appetit.
Bismarck:	Napoleon sagte, daß die Armee auf ihren Mägen marschiert. Journalisten robben auf ihren Bäuchen, sagt Bismarck.
Marie:	Der Mann hat einen verführerischen Schnurrbart. Sogar reizender als der von Herbert.
Bismarck:	Du denkst an seinen Neffen. Anders als sein Onkel, war dein Napoleon mit dem reizenden Schnurrbart ein großherziger Mann. Wie viele andere großherzige Männer hat er diese Welt frühzeitig verlassen.
Johanna:	(stehend) Komm Marie. Wenn dein Vater über die Bonapartes zu reden beginnt, bedeutet es, daß er allein sein will. Soll ich mehr Essen bestellen?
Bismarck:	Nein. Nichts. Aber ich möchte wirklich wissen, was meinen Appetit ruiniert hat.
Johanna:	(zu Marie) Vergiß den Hut des Admirals nicht. (sie gehen)
Bismarck:	(steht mit Schwierigkeiten auf, richtet den Stock auf Augustas Porträt) Ich bin noch immer im Sattel, du alte Hexe. Augusta und Victoria. Victoria und Augusta! Hätte mir jemand vor zwanzig Jahren gesagt, daß die Hauptfeinde des Kanzlers ein Paar Unterröcke wären, hätte ich ihm seinen Kopf eingeschlagen. Es schickt sich nicht für einen Junker, sich um einen Unterrock Sorgen zu machen, auch wenn die Trägerin sich Kaiserin nennt. (der Kleiderpuppe finster entgegenblickend) Und da ist auch dein englisch denkender Sohn. Fein gestriegelter Bursche. Voll von großen Versprechungen. (zieht am komischen Bart und läßt ihn ins Gesicht der Kleiderpuppe zurückschnellen) Unmöglich! Wir können den Kronprinzen des Deutschen Reiches nicht so ansprechen, als ob er ein barhäuptiger Bauer wäre. (tut ein Kissen auf den Kopf der Kleiderpuppe) Hier! Gesegnet und bestätigt wie seine Vorfahren. Ohne Zeremonie keine Autorität. (höfliche Haltung des Körpers, aber vor Wut kochend) Für Generatio-

nen wart Ihr Hohenzollern damit begnügt, ein Anhängsel Rußlands zu sein. Wir, die Bismarcks, haben Preußen unabhängig gemacht. Mein Großvater war Geheimrat für drei Könige Preußens, Friedrich den Großen einschließlich. Wir Bismarcks sind die Quelle Eurer Würde und Wertigkeit. Junger Mann! Meine Familie waren schon Junker, als Ihr Hohenzollern auf eine eingeschlafene Ecke im Süden beschränkt wart. Auch wenn sich Seine Majestät auf England stützen will, wir Bismarcks verlangen, daß Deutschland auf seinen eigenen Beinen steht. Deine Mutter und deine Frau beleidigen mich ständig. Und deine Schwiegermutter, die Königin von England, nutzt unsere Uneinigkeit aus. (reißt den Bart vom Gesicht der Kleiderpuppe) Du, ein Nachfolger Friedrich des Großen, du bist ein unverschämter Schuljunge und ich habe vor, dich zu überleben. (mit einem unerwarteten Schwingen seines Stockes schlägt er das Kissen vom Kopf der Puppe. Für einen Augenblick scheint er von seiner eigenen Gewalt betäubt, dann nimmt er den Helm mit einem leisen Brummen zur Hand.) Da du taub gegenüber meinem väterlichen Rat warst, bist du abgesetzt, junger Mann! (trotz dem schlechten Knie und dem Hinken stößt er das Kissen von sich weg) Ich werde den Kaiser, deinen Vater, sprechen. (setzt den Helm auf die Puppe) Es ist auffällig, daß die Gesundheit Seiner Majestät nicht immer die Beste ist. Der alte Soldat leidet unter Verdauungsstörungen, da er so viele der Nachbargebiete verschlungen hat. Wie die meisten aus seiner Familie hat er einen großen Appetit, aber verfaulte Zähne. Nun muß Bismarck für ihn kauen. (die Magd tritt ein, geht zur Kleiderpuppe und ist dabei, den Helm wegzuräumen.) Der Herr bleibt, wie er ist.

Magd: (verunsichert) Die Fürstin möchte die Puppe.

Bismarck: Sag der Fürstin, daß Seine Majestät ein Interview abzuschließen hat.

Magd: (ängstlich nach hinten tretend) Danke, Ihre Hoheit. Danke sehr.

Bismarck: (in Befehlsform, auf den Stuhl zeigend) Warte! Du könntest Kaiserin Augusta sein.

Magd:	Darf ich es der Fürstin sagen?

Magd: Darf ich es der Fürstin sagen?

Bismarck: Eine Kaiserin irrt nicht umher. Setz dich und gib deinem Mann Unterstützung. Seit er Bismarck zu seinem Kanzler gemacht hat, leidet er an wunden Nerven.

Magd: (eingeschüchtert) Oh, ganz richtig, Eure Hoheit.

Bismarck: Du kannst dir gar nicht vorstellen, was für ein hübsches Paar ihr seid. Versuch jetzt Übertriebenheit, etwa das Öffnen des Mundes zu vermeiden. (offenbar so verärgert, daß er gleichgültig seinen Worten gegenüber scheint) Setz dich einfach unauffällig wie ein übler englischer Feind und zettel Intrigen an. Augusta! Jedes Vorwärtskommen von mir hast du in den Wind geschlagen. Du hast versucht, jeden meiner Siege zu verderben. Seit dem Verrat von '48 als dein Mann nach England geflohen ist, kenne ich dein wahres Gesicht. Du hast mich seit dem Augenblick gehaßt, als ich dich gebeten habe, die roten Flaggen einzusammeln, die über unserer Stadt wehten. Schließlich mußte unser Land vor den Sozialisten gerettet werden. UNSER Land, nicht deines, du ausländische Hexe.

Magd: (zitternd) Ich verstehe nicht. (steht)

Bismarck: Nicht mal die Kaiserin (seinen Stock hebend) versteht. Setz dich, habe ich gesagt! (sie sitzt) Madam, Männer töten für weniger, als ich mit dir aushalte, du kaiserliche Unverschämtheit. Du hast deinen Mann dazu gebracht, daß er verspricht, daß Bismarck nie Kanzler wird. Du hast seinen Geist gegen mich vergiftet. (sticht mit dem Stock gegen den Globus) In acht Jahren gewann ich mehr Ländereien für deine gierige Familie, als sechs vorherige Könige zusammen. In acht Jahren haben unsere Armeen mehr in Europa erobert, als Friedrich der Große mit den Seinen. Und die englische, von dir geführte Partei und die abscheuliche Frau deines Sohnes wagen es, mich zu bekämpfen. Unerträglich! (in seiner Wut wirft Bismarck seinen Stock gegen die Wand. Die Magd springt auf, und läuft weinend aus dem Zimmer.) Ich bin müde vom Schweineumherführen. Krank davon, ganz krank davon. (wendet sich zum Globus) Und hier in Berlin gibt es die schlimmste Brut. (greift nach dem Globus, als ob er ihn zermalmen wolle, bringt ihn dann zum Drehen. Plötzlich greift er sich, wie nach einem Schlag, an die Magengegend. Er schnappt nach Luft und stolpert auf den Tisch zu, das Geschirr klappert, aber es geht nicht zu Bruch. Er sackt in einen Stuhl, schließt die Augen und atmet mit großer Schwierigkeit. Der Globus dreht sich immer noch. Kurzes Bild. Marie stürzt herein, fällt auf die Knie und greift nach Bismarck.)

Marie:	Papa! Papa, sag etwas! (da sie keine Antwort bekommt, steht sie auf, geht mit Entsetzen ein paar Schritte zurück, sinkt auf ihre Knie und beginnt zu beten. Die Magd, die immer noch weint, kommt zurück, aber bleibt nach zwei Schritten im Zimmer stehen) Was immer ich auch getan habe, ich habe es nicht so gemeint. Bitte Gott, ich wußte nicht, was ich tat. (Johanna tritt lebhaft ein und mustert ihren Mann. Katya folgt und steht äußerst bekümmert auf ehrerbietigem Abstand.)
Johanna:	Was gibt es?
Bismarck:	(mit geschlossenen Augen, leise) Schmerzen. Unerträgliche Schmerzen.
Johanna:	Aber sie lassen nach.
Bismarck:	Es ist aus, Johanna.
Johanna:	Jetzt?
Bismarck:	(weist auf den Magen, die Augen immer noch geschlossen) Der Krebs lebt. Die Ärzte wußten es die ganze Zeit.
Johanna:	(emphatisch) Wir werden uns darum kümmern. Jetzt werden ALLE Ärzte kommen, einschließlich die Scharlatane. Jetzt werden sie ALLE kommen. (Johanna nimmt ein Stück Fleisch und steckt es Bismarck in den Mund. Er kaut das Fleisch, ohne seine Augen zu öffnen. Johanna nimmt noch etwas Fleisch, steckt es in ihren Mund und kehrt dem Publikum den Rücken zu.)
Marie:	(erhebt ihre Stimme) Bitte Gott, laß Papa nicht sterben! (die Magd weint noch lauter) Gott, er ist alles was wir haben. Bitte, bitte laß ihn nicht sterben!
Johanna:	(von der Hintertür aus) Jetzt treffe ICH die Entscheidungen. Nun werden wir sehen wer Recht hat. Und ICH wähle die

Ärzte. (geht ab. Bismarck öffnet langsam ein Auge und beob-
achtet Katya, wie sie versucht, seine Tochter zu trösten.)

Marie: (völlig hysterisch) Bitte, bitte, bitte Gott. O Gott, schone und
              rette unseren Papa. Bitte O Herr, beschütze meinen lieben,
              kostbaren Papa!

-VORHANG-

ZWEITER AKT

SELBE SZENE

Herbert:	(außerhalb der Bühne) Fühlen Sie sich wie zu Hause, Doktor Springer. (Dr. Springer tritt bedächtig ein. Er geht geradewegs zum Globus und berührt ihn, dann taxiert er den Raum, als würde er den Mann begutachten, der sich solche Umgebung wählt. Herbert tritt mit einer Selbstherrlichkeit ein, die viele Menschen verletzt. Springer bleibt reserviert, auch wenn Herbert ihn absichtlich zu verletzen scheint.) Ich rate Ihnen Erfolg zu haben. Wir haben genug mürrische Ärzte gesehen. (mustert Springer) Meine Mutter mag aufgeweckte, freundliche Menschen. Sie denkt, daß Ärzte meinen Vater mit ihrem Trübsinn bedrücken. Glauben Sie mir, Sie werden einiges Glück brauchen, mein Vater ist nicht eben der angenehmste Patient. Hoffen wir, daß Sie unter einem besseren Stern stehen als Ihre Vorgänger.
Springer:	Was immer Sie von mir gehört haben, die Sterne verhalten sich mir gegenüber loyal, vom Glück dürfen Sie gleiches annehmen.
Herbert:	Oho, der Doktor denkt, daß ihm sein Ruhm vorauseilt. Bestenfalls ein Gerücht oder zwei. Vielleicht durch neidische Untertanen, die Talent übelnehmen. Im Übelnehmen ist die deutsche Rasse nahezu unschlagbar. Wir haben einen Kanzler, der das zu nutzen weiß, aber er bekommt müde Augen. (kurze Pause) Mein Vater ist zu sehr ein alter Soldat um es zu gestehen, doch ein ungewöhnlicher Feind belästigt ihn. (auf den Magen zeigend) Er hat Angst vor dem, was diese Schmerzen bedeuten könnten. Verstehen Sie, was ich meine? Jedenfalls, Ihre Kollegen haben uns überzeugt, daß einige von Vaters Symptomen doch bedenklich sein könnten. (gereizt) Seine Mutter, Onkel und Tante starben an Krebs. Sie würden uns Bismarcks einen Gefallen tun, indem Sie beweisen, daß Vater NICHT dieselbe Krankheit hat.
Springer:	Ich hoffe, die Angelegenheit schnell zu klären.
Herbert:	Excellent. Das wäre nicht wenig. (beschwingt) Sagen Sie Doktor, Sie verstehen sich nicht so gut mit Ihren Kollegen, nicht wahr? Professor von Rauch und Doktor Vogelweh sind

	unumstößlich der Auffassung, daß eine Unterredung mit Ihnen nicht in Frage käme.
Springer:	Es wird keine Unterredung nötig sein.
Herbert:	(sarkastisch) Fabelhaft! Drei Ärzte sind derselben Meinung. (zeigt unhöflich auf die Bibliothekstür) Wenn Vater fertig ist, wird er Sie rufen. (Springer tritt in die Bibliothek) Wenige dieser Leute wissen, was sich gehört. (Marie tritt mit Professor von Rauch und Doktor Vogelweh von der Hinterbühne her ein. Vogelweh ist ungefähr vierzig, feinfühlig, zurückhaltend, eine neue Berühmtheit und im Hause Bismarck zum zweiten Mal auf Besuch. Von Rauch ist sperrig, selbstzufrieden, zuversichtlich und neigt zu ironischen Bemerkungen. Jeder Charakterzug erscheint weniger hervorragend in der Gegenwart von Bismarck.)
Herbert:	(heiter) Willkommen, meine Herren. Sie sollten Ihre Arbeit schnell und gut machen. Die Schmerzen in Vaters Eingeweiden sind eine Gefahr für die Zukunft von Europa. (verläßt die Bühne in herrischer Haltung)
Rauch:	Ihr Bruder hat beinahe den Charme Ihres Vaters.
Marie:	(schwärmend) Und sein Umgang mit Pferden. Herbert ist unsere große Hoffnung, unser Leitstern.
Rauch:	Ja, es überrascht nicht, daß er so weithin bewundert wird. Sein Gesicht ist staatsmännischer geworden, scheint mir.
Marie:	Herbert versucht ein zuversichtliches Gesicht zu machen, aber wie wir alle ist er besorgt. Es ist die Dauer von Vaters Krankheit, die uns so sehr niederdrückt. Ich weiß nicht, wie er weiter so mutig sein kann.
Magd:	(tritt ein) Die Fürstin möchte ihre Tochter sprechen.
Marie:	Sie verzeihen, meine Herren. Vater wird in Kürze kommen. (sie folgt der Magd, beide gehen ab)
Vogelweh:	(echt zugeneigt) Sympathisch.

Rauch:	Jedenfalls kann einer von uns ihr die Hand reichen mit der leidlichen Hoffnung, es zurückzubekommen. (kurze Pause) Ich habe meine Studenten ständig gewarnt, daß Untersuchungen den Patienten nervös machen. Wann immer eine ernste Diagnose nötig ist, der Patient soll beschützt sein. Wenn es dazu kommt unseren Gastgeber zu untersuchen, brauche ich Schutz.
Vogelweh:	Die Direktheit des Fürsten ist allzu bekannt.
Rauch:	In diesem Haus nennen wir es Wahrheitsliebe. Gestern habe ich die Ruhrstation in meinem Krankenhaus besucht. Ein hoher Prozentsatz hoffnungsloser Fälle - totenbleiche Gesichter und Ruhr in jeder Pore. Das ist Bismarcks Wahrheitsliebe. Sie läßt jeden sich gebrochen fühlen.
Vogelweh:	Gilt die Familie nicht als besonders fromm?
Rauch:	Mein Eindruck ist, daß der Fürst Gott akzeptiert, solange Gott sich als loyaler Preuße erweist. (Bismarck, sich auf einen Stock stützend, tritt ein. Er trägt einen Morgenmantel und zeigt minimale Höflichkeit. Er scheint angegriffener als bisher, aber immer noch kämpferisch genug, daß beide Besucher bemüht sind, ihre professionelle Haltung zu bewahren.)
Bismarck:	(trocken) Herr Professor. Herr Doktor.
Beide:	Guten Tag, Ihre Hoheit.
Bismarck:	Sie haben also den Herrn Doktor zur moralischen Unterstützung mitgebracht.
Rauch:	Für seine Expertise, Ihre Hoheit. Hat Ihre Hoheit gut geschlafen?
Bismarck:	Nicht mal ein Auge zugedrückt. Ich habe die Nacht abscheulich zugebracht. (setzt sich mit Schwierigkeiten auf den Tisch) Na, meine Herren, welche meiner Krankheiten wird mich umbringen? Europa sollte erfahren, wieviel Zeit ich noch habe.
Vogelweh:	(nervös auf seine Uhr schauend) Wir hoffen keine, Ihre Hoheit.

Rauch:	Mein Kollege meint, es wird genug Zeit sein. Unser Vaterland soll nicht seines begnadeten Führers beraubt sein.
Bismarck:	Nun kommen Sie aber, hier braucht einer Erleichterung, nicht Diplomatie. (zeigt bedeutend auf Vogelweh) Sie sind zwanzig Jahre jünger als ich. Haben Sie vor, MICH zu überleben?
Vogelweh:	Aber...
Bismarck:	Entweder Sie meinen es oder Sie meinen es nicht. Ein Arzt, der sich nicht entscheiden kann, erweckt etwa so viel Vertrauen, wie ein Chirurg ohne Daumen.
Rauch:	Wahrscheinlich meint er es. Es wäre vernünftig genug.
Vogelweh:	(betrübt) Jedenfalls logisch. Ich meine, die Statistiken suggerieren das. Bestimmt gibt es keinen Weg um es zu wissen, doch durchschnittlich sollte man erwarten...
Bismarck:	Sind Sie schon erschöpft oder können wir fortfahren mit Ihrer schwarzen Kunst? Zeigen Sie mir Ihre Zuckerpillen und Ihre Folterinstrumente. Wir sollten eigentlich Publikum haben. Sie stehen vor meinem Leben und sehen aus wie zwei Tischler, die keine Nägel mehr haben. (Rauch nimmt ein Stethoskop aus seiner schwarzen Tasche hervor. Vogelweh klopft Bismarcks Knie mit einem kleinen Hammer. Bismarck hebt seinen linken Arm. Nach einem warnenden Nicken seines Kollegen tut Vogelweh den Hammer zurück in die Tasche und fühlt den Puls des Patienten und notiert danach die Werte in seinem Buch.) Meine Frau sagt mir, daß Dr. Vogelweh weithin bekannt ist für die Behandlung von Tuberkulose.
Rauch:	Er hatte einige erstaunliche Erfolge.
Bismarck:	Wie der Herr Professor weiß, habe ich mich nicht an Tuberkulose angesteckt und ich habe es auch nicht vor. Ich leide unter Atemnot, Gesichtsschmerzen, Verdauungsstörung, Schlaflosigkeit, Kopfschmerzen, Schwindelgefühl, Verstopfung und Hämorrhoiden. Auf der anderen Seite, wenn meine Anatomiekenntnisse mich nicht täuschen, bin ich von Gürtelrose, Nervenspasmen, Nierenschmerzen, Gicht, Rheuma und einer angegriffenen Leber gequält, dazu martert mich ein Magenleiden, das noch keiner den Mut hatte zu benennen und ein

	Bein, das so oft zu Blei wird, daß ich bald ein Krüppel sein werde.
Rauch:	Wir schlagen Ihrer Hoheit vor, in den nächsten zehn Tagen von diesen Tabletten alle vier Stunden eine zu nehmen. (Stellt das Fläschchen demonstrativ auf den Tisch) Weiterhin empfehlen wir auch, daß Ihre Hoheit sich nochmal die Diät überlegen, die ich empfohlen habe.
Bismarck:	Ihr Auftrag ist, mich zu heilen, nicht mich irre zu führen.
Rauch:	Unsere Absichten sind rein wissenschaftlicher Natur. Und wir beschwören Ihre Hoheit, eine erweiterte Kur am Gastein, Marienbad oder Ostend zu nehmen.
Bismarck:	Ist das alles? Haben Sie den ganzen Weg von Berlin gemacht um mir zu sagen, daß ich nach Ostend gehen soll? (Herbert tritt flink von der Hinterbühne her ein, bei sich ein Stapel Dokumente und bewegt sich in militärischem Tempo in die Bibliothek)
Herbert:	(maliziös) Vater, Du weißt, daß Dr. Springer in der Bibliothek wartet.
Bismarck:	(zu Vogelweh) Wenn ich mich nicht zu kümmern hätte, Europa vor einem selbstmörderischen Krieg zu retten und vergleichbare Bagatellen, ich wäre amüsiert von der jungfräulichen Röte in Ihren Wangen. Es hat mich immer beeindruckt, wie lange manche Wissenschafter brauchen, um ihre Jungfräulichkeit zu verlieren.
Rauch:	Manchmal ist man gegen seinen Willen geschockt. Oder besorgt, wenn man eigentlich ruhig bleiben will.
Vogelweh:	Mit allem Respekt, Ihre Hoheit, dieser Springer ist ein schokkierender Fall.
Rauch:	Ja, wir bekommen die beunruhigendsten Berichte.
Bismarck:	Berichte oder Gerüchte?
Vogelweh:	Berichte, glaube ich.

Bismarck:	Vielleicht Verleumdung. Oder Charaktermord.
Vogelweh:	(entschlossen, diesmal nicht zurückzuschrecken) Immerhin, die meist respektierten Kollegen akzeptieren diese Berichte. Tatsächlich, Ihre Hoheit, schlimme Anschuldigungen liegen gegen diese zweifelhafte Person vor. Und Ihre Hoheit...
Rauch:	Vielleicht hat mein Kollege gedacht, zwei Spezialisten, erwiesene Spezialisten, würden für Ihre Hoheit genügen.
Bismarck:	Wenn sie einen entscheidenden Kampf führen, müssen sie so viele Truppen wie möglich ins Feld führen oder betrachtet HERR PROFESSOR meine Gesundheit als nebensächlich? (ahmt ihre Sprache nach) Beunruhigende Berichte. Schlimme Anschuldigungen. Schockierender Fall. Ich könnte meine Arbeit nicht machen, wenn ich wie ein verklemmter Arzt denken würde. Selbst meine Frau, so fromm wie sie ist, hat gelernt, mir solche humanistischen Auswürfe zu ersparen.
Rauch:	Ihre Hoheit, wir sind verpflichtet, einige ethische Grundsätze zu ehren. Wir...
Bismarck:	(theatralisch) Schau, ein menschlicher Magen. Ohne Zweifel sind Sie mit dem Phänomen bekannt. Hier ist der Schmerz. (als ob er zu einer tauben Person sprechen würde) Hier ist der Schmerz, Professor. Ein beunruhigender Bericht? Ein schockierender Fall? Sie, der sich Professor der Medizin nennen, erweisen sich unfähig, einensimplen Magenschmerz zu lindern.
Rauch:	Mit allem Respekt, Ihre Hoheit. Es ist äußerst wahrscheinlich, daß meine Kollegen mit ihren Annahmen auf dem richtigen Weg waren. Die Gründe für Ihre Hoheits Leiden sind NICHT EINFACH.
Bismarck:	Manchmal, ohne Warnung, schmerzt es mich, wie von einem Messer geschnitten. Es raubt mir meinen Schlaf. Wie gut würden Sie arbeiten, wenn Sie nicht schlafen könnten? (als ob er gerade jetzt die Annahme Rauchs registrieren würde) Nicht einfach?
Rauch:	Es ist denkbar, Ihre Hoheit. Da ist etwas, dem wir die Stirn bieten müssen.

Vogelweh:	(trotz der Warnungen) Ihre Hoheit, wir sind gekommen, um Ihnen zu helfen.
Bismarck:	Die Friedhöfe sind voll von verlorenen Seelen, die für SOLCHE HILFE bezahlt haben.
Rauch:	Wenn Ihre Hoheit unserer Diät gefolgt wären, würden Sie sich besser fühlen.
Bismarck:	Unsere Diät? Wurden Sie traktiert, stinkenden Haferschleim zu essen, den meine Hunde nicht anrühren würden? Unsere Diät! Schmerzt dieser Zahn wegen der Diät? Seit fünf Monaten fühle ich mich miserabel, mit demselben Zahn, dieselben Schmerzen. Leide ich an Schlaflosigkeit der Diät wegen? Schmerzt mein Bein wegen der Diät? Übrigens habe ich Ihre Diät eingehalten. Für drei Tage ging es mir schlechter. Ich wurde so jämmerlich geschwächt, daß ich gezwungen war, Ihre unergründliche Diät aufzugeben! Das erinnert mich, daß ich hungrig bin. Da ich krank und gequält bin, brauche ich viel Energie. (er läutet) Es gibt nur eine Möglichkeit, die verlorene Energie wieder herzustellen. Vielleicht würden die Herren gerne mit mir bei ein paar Trauben zugreifen. Oder bei etwas Braten.
Vogelweh:	(in Verlegenheit gebracht) Danke Ihre Hoheit, aber ich könnte jetzt nichts runter kriegen.
Rauch:	Ganz ebenso, Ihre Hoheit, wir hatten ein reichliches Frühstück.
Vogelweh:	Es ist sehr freundlich von Ihrer Hoheit. (Katya tritt ein)
Bismarck:	Katya, Liebe, bitte schicke einen Teller mit Austern. Dazu ein paar Scheiben von der Gans und ein paar Scheiben von dem Wildbraten von gestern. Nur ein paar Scheiben. (er schaut zu den Ärzten, die sich zurückhalten) Und eine Flasche Champagner.
Katya:	Wünschen die Herren mitzuspeisen?
Bismarck:	Die Herren fasten, um ihre Sünden zu büßen. (Katya geht)

Rauch:	(mit Würde) Ich habe Ihrer Hoheit viele Jahre gedient. Es war immer eine Ehre für mich, ebenso wie eine hohe Verantwortung. Wenn Sie mir erlauben, mit Ihnen zu sprechen, wie ein ehrlicher Makler...
Bismarck:	Meine Makler versichern mir mit einer unerschütterlichen Autorität, daß es keine ehrlichen Makler gibt.
Rauch:	Wie Ihre Hoheit wünschen.
Bismarck:	Meine Herren, geht zurück in die Stadt und quält Eure Patienten. Krank, wie ich bin, werde ich Euch beide überleben. (Herbert tritt ein) Herbert, bitte zeige den Herren den Weg. (die Ärzte verbeugen sich und gehen durch die Hintertür) Die kümmern sich nicht. (prüft seinen empfindlichen Magen) Die stellen sich hin und versuchen kluge Blicke, aber sie wissen nichts. Was mich an den Rand meines Grabes bringt, weiß ich allzu genau. (Herbert tritt durch die Hintertür ein) Hast du sie hinausgebracht?
Herbert:	Marie tat es. Merkwürdig, wie sie ist, scheint sie doch zu bezaubern.
Bismarck:	Ich werde die beiden überleben. Welche ist deine Ansicht, mein Sohn?
Herbert:	Natürlich, Vater. Warum sollte ich daran zweifeln? Dr. Springer, Mamas Konzentrations-Genie, wartet auf dein Belieben.
Bismarck:	Wenn sie alle als Rauchwolke aufsteigen würden, machten sie mir die einzige Freude, zu der sie in der Lage sind. Wir wissen alles über Dr. Springer, nicht wahr?
Herbert:	Polizeiberichte wegen eines Selbstmordversuches. Berichte von Ärzten. Berichte von Patienten. Ein Universitätsbericht, der darauf verweist, daß die Konzentrationstherapie wertlos ist. Ein Aufseherbericht über Springers Haftzeit. Am schlimmsten aber sind die Berichte der Banken. Dieser Dr. Springer kann sich selbst nicht helfen. Und...
Bismarck:	Und?

Herbert:	Und wir Bismarcks verlieren keine Zeit mit Leuten, die sich selbst nicht helfen können. (unzufrieden) Jedenfalls sagt Mama, daß du's versprochen hast. Warum sie auf diesen Springer besteht, weiß ich nicht. Vielleicht halten ein paar alte Tanten auf diesen Galgenvogel.
Bismarck:	(schwermütig) Alte Tanten beiseite gelassen, habe ich deiner Mutter einst mein heiliges Wort gegeben. Heilig ist heilig. (kurze Pause, auf einmal belebt) Und da gibt es nichts zu bereuen. Herbert! Nie! Dieser Entschluß hat den größten Wandel in meinem Leben markiert. Gott achtet auf alles. Er hat mir eine Frau zu lieben gegeben, eine kaiserliche Familie zu verachten und fünfhundert deutsche Parlamentarier zu hassen. Achte darauf, daß er es genauso gut mit dir tut. (Katya kehrt mit einer Speiseplatte zurück und stellt die verschiedenen Gerichte auf dem Tisch ab. Die Magd folgt mit dem Champagnerkübel)
Katya:	Das wird helfen sich zu erholen von den langweiligen Ärzten. Die haben ihre Art, eine Menschenseele zugrunde zu richten.
Bismarck:	(belebt, reibt sich die Hände) Ich glaube es dir, Katya. Jetzt werden wir mit echter preußischer Mäßigkeit herangehen. (schenkt sich ein Glas ein und trinkt es aus) Stets Mäßigkeit. Mäßigung und noch mehr Mäßigung. (Herbert und das Personal gehen. Er schenkt sich ein zweites Glas ein und wendet sich seinem Essen zu. Geräuschvoll) Bringt den nächsten Arzt! Scheren wir das schwarze Schaf. Selbst an einem schwarzen Schaf haben wir mehr als von einem deutschen Professor. (Springer tritt ein)
Springer:	Guten Tag, Ihre Hoheit.
Bismarck:	Willkommen in Friedrichsruh, junger Mann.
Springer:	Es ist eine große Ehre für mich, Ihre Hoheit.
Bismarck:	Wir haben eine Menge über Sie gehört. Die Polizei ist überzeugt, daß Ihr Blick Leid bringt. Exotische Arznei und moralischer Aufschwung, eine forsche Kombination. Etwas an dieser Mischung hat meine Frau überzeugt, daß Sie ein Mann mit Zukunft sind.

Springer:	Ich werde versuchen, die Fürstin nicht zu enttäuschen. Darf ich anfangen? (Bismarck nickt) Werden wir alleine gelassen?
Bismarck:	Wenn Sie die Tür schließen, wird uns keiner unterbrechen.
Springer:	(nachdem er die Tür zugemacht hat) Zuerst werde ich es mit einer Suggestion versuchen.
Bismarck:	(Andeutung eines Brummens) Suggestion?
Springer:	Ganz so, Suggestion.
Bismarck:	Keine Untersuchung? Ich lungere gewöhnlich nicht halbnackt im Morgenmantel herum. Um meine Landsleute zu regieren, wie sie es erwarten, trage ich gewöhnlich eine Generalsuniform und dazu eine Reitpeitsche bei mir. (er ißt weiter)
Springer: Bismarck:	Vielleicht später eine kleine Untersuchung. Junger Mann, bevor Sie beginnen, sich in Ihren schwarzen Ritualen zu ergießen, habe ich eine Frage. Warum sollten Sie Erfolg haben, wenn soviele Ihrer älteren Kollegen gescheitert sind?
Springer:	Ich bin ein besserer Arzt.
Bismarck:	(schenkt sich Champagner ein) ICH bin ein geschickter Reiter. Experte. Und ich liebe es. Es gibt nichts Anregenderes, als ein gesatteltes Pferd unter sich zu haben. Der Schmerz in meinem linken Bein ist so intensiv, daß ich auf kein Pferd steigen kann. Ich bin seit vier Jahren nicht mehr geritten.
Springer:	Wir werden es ergründen, Ihre Hoheit.
Bismarck:	(gedankenvolles Nippen an seinem Glas) Wenn Sie mit Ihrem ERGRÜNDEN fertig sind, werden Sie mir dann sagen, ob ich aufgeschnitten werden muß, damit man meine Gallensteine entfernt?
Springer:	Ich werde Ihnen das mit Sicherheit sagen.
Bismarck:	(mit einem Glas Champagner in einer Hand und einer Scheibe Fleisch in der anderen) Und wenn es sich herausstellt, daß ich

	keine Operation brauche, werden Sie den jämmerlichen Schmerz beseitigen?
Springer:	Wahrscheinlich so, ja. (er sieht, daß er Bismarck nicht überzeugt hat) In jedem Falle eine deutliche Linderung der Beschwerden.
Bismarck:	(widerwillig) Jetzt... Krebs. Habe ich ihn?
Springer:	Nein. Kein Krebs.
Bismarck:	Wie kann einer wissen?
Springer:	Indem er Sie anschaut.
Bismarck:	Indem man mich anschaut. Haben Sie viel Zeit für Ihre Diagnose gebraucht?
Springer:	(trocken) Nein, Ihre Hoheit. Das geschulte Auge ist ein unberechenbares Organ. Sagen wir, die Sache kann so lange brauchen wie zwei, drei Glas Champagner zu trinken.
Bismarck:	(widerwillig beruhigt) Ein unberechenbares Organ... Ich möchte, daß Sie wissen, was ich von Ihnen erwarte. Zuerst, Gewißheit, daß diese Krebsexperten sich geirrt haben. GEWISSHEIT, und nicht die Vermutungen eines jungen Mannes. Danach erwarte ich die Linderung von der Gürtelrose, den Krämpfen, Nierenschmerzen, Hämorrhoiden, Schwindelanfällen, der Gicht und Atemnot. Ebenso Linderung des Rheumas, der Spasmen, Gesichtsschmerzen, Kopfschmerzen und der Verstopfung. Und daß Sie den schlaflosen Nächten ein Ende setzen. Vielleicht stellen Sie das ganz oben auf Ihre Liste. Ja, lindern Sie die schlaflosen Nächte, gleich nach der Krebssache. Ein großer Mann muß schlafen können.
Springer:	Also, beginnen wir? (er nimmt eine goldene Münze hervor und läßt sie an der Kette baumeln) Jetzt, Ihre Hoheit, konzentrieren Sie Ihren Blick auf meine Münze. Konzentration, wie Sie bald merken werden, ist eine moralische Wissenschaft.
Bismarck:	Dann muß sie nutzlos sein.

Springer:	Wir werden bald sehen. Bitte starren Sie auf die goldene Münze. Gold ist eine magnetische Farbe. (kurze Pause) Sie fühlen sich schläfrig, ein angenehmes, beruhigendes Gefühl. (kurze Pause) Sie könnten für einen Augenblick schlummern.
Bismarck:	Alles, wenn ich damit nur einer Predigt entkomme.
Springer:	Ein kleines, angenehmes Nickerchen. Das würde ein gutes Zeichen sein. Jetzt fühlen Sie sich fast schläfrig.
Bismarck:	Ich tu es. Ich...
Springer:	Konzentrieren Sie sich auf das Schwingen der Münze. (kurze Pause) Sie atmen jetzt viel tiefer. (kurze Pause) Sie fühlen sich entspannt. Atmen tiefer. Sehr entspannt. Ihre Augenlider sind schwer.
Bismarck:	Mmm.
Springer:	(bewegt die Münze vor und zurück) Schauen Sie weiter auf die Münze.
Bismarck:	Uh huh.
Springer:	Das ist gut, Ihre Augenlider sind schwer. Die Augenlider sind sehr schwer. (Bismarck schließt seine Augen) Die Spannung in Ihrem Gesicht läßt mehr und mehr nach. Ihre Arme sind schwer.
Bismarck.	Schwer.
Springer:	Es ist schwer zu reden. Sie werden nicht mehr reden, Sie hören nur, was ich sage. (wirft einen genauen Blick auf Bismarck) Ihre Augen sind fest geschlossen. So fest, daß Sie sie nicht öffnen können. Versuchen Sie ihre Augen zu öffnen. (Bismarck gibt sich sichtbar Mühe, ohne seine Augen zu öffnen) Das ist gut. Entspannen Sie und genießen Sie. Ihr Kiefer ist schwer. Die letzte Spannung ist aus Ihrem Gesicht gewichen. (auf Springers Rede öffnet sich Bismarcks Mund und der Kiefer kippt nach unten, bis er mit geöffnetem Mund da sitzt) Jetzt versinken und versinken Sie. Es ist sehr angenehm zu versinken. Und Wärme beginnt aus Ihrem Inneren aufzu-

	steigen. Hier. Es ist ein wohltuendes, warmes Gefühl, das sich ausbreitet.
Bismarck:	Mmmmmmmmmmmm.
Springer:	Der Schlaf wird Sie heilen. Je tiefer Sie schlafen, desto besser fühlen Sie sich. Tiefer versinken. Magen und Beine fühlen sich warm an. Versinken, versinken in einen heilenden Schlaf. Ein angenehmes, ein beruhigendes Gefühl. (draußen Geräusche) Geräusch bedeutet nichts für Sie. Wenn ein Mitglied Ihrer Familie hereinkommt, werden Sie weiterschlafen. (Herbert tritt im Hintergrund ein und läßt die Tür offen) Es ist absolut notwendig, daß wir alleine gelassen werden.
Herbert:	Mein Gott, hatte er einen Schlaganfall?
Springer:	Gewiß nicht. Bitte gehen Sie.
Herbert:	Er ist ganz graugrün im Gesicht.
Springer:	Die Behandlung macht Fortschritte. Sie müssen gehen. (Marie tritt ein, gefolgt von Katya. Obwohl sie Springer wegschickt, treten sie nur widerwillig einige Schritte zurück)
Herbert:	Kommt, Kinder. Wir sind nicht eingeladen. (alle drei verharren im Hintergrund)
Springer:	(wendet sich seinem Patienten zu) Die Geräusche verklingen. Ihr Schlaf ist zu fest, als daß Sie geweckt werden könnten. Keine Geräusche mehr. Allein der Klang meiner Stimme. Bald werden Sie gesund genug sein, um auf Ihrem Lieblingspferd zu reiten.
Bismarck:	(die Augen geschlossen, aber die normale, brummige Stimme) Ihr Schlaf ist tief!
Herbert:	Was?
Bismarck:	(die Augen weiter geschlossen) Zu tief, um geweckt zu werden. Sie wollen Ihr Lieblingspferd wieder reiten, aber die Zaubermünze verwandelt Sie in eine Ziege in der Brunstzeit.
Marie:	Vater!

Bismarck:	(öffnet seine Augen) Und du wirst grunzen und wiehern, bis ich dir den alten Billy bringe, um dich zu versorgen.
Marie:	Vater, bitte!
Bismarck:	Wenn Geräusche auftauchen, hat es nicht die geringste Bedeutung, es ist nur deine Familie. Diese Geräusche werden nicht mehr Eindruck auf dich machen, als ein Artilleriefeuer auf einen Soldaten. (zu Herbert) Mein Gott, hatte er einen Schlaganfall? Er ist ganz graugrün im Gesicht.
Herbert:	Vater, ich war besorgt!
Bismarck:	Warum sabbert er? Ist er ein Idiot geworden?
Herbert:	Vater, hatte ich nicht recht? War ich nicht vollkommen im Recht!?
Bismarck:	Herr Doktor ist ganz graugrün im Gesicht. Hatte ER einen Schlaganfall?
Herbert:	(froh, daß er die Aufmerksamkeit von sich ablenken kann) Vielleicht sollten wir einen Doktor für Herrn Doktor holen. (Springer geht zum Globus und starrt diesen an)
Bismarck:	Doktor, können Sie einem Schmerz befehlen zu verschwinden? (nachahmend) Diese Schmerzen in deinen Beinen werden wegmarschieren. Wie kleine, gehörige Soldaten werden sie wegmarschieren. Hup, eins zwei, hup, eins zwei. (Lachen nimmt zu)
Herbert:	Doktor, können Suggestionen schlaflose Nächte zur Folge haben?
Bismarck:	Ist mein Zahnschmerz durch Suggestionen verursacht? Verursachen Suggestionen Hämorrhoiden? (Johanna tritt ein) Soviel zum moralischen Aufschwung.
Herbert:	(die Arme um seine Mutter und seine Schwester) Herr Doktor hat sich der Geographie zugewandt.
Johanna:	Oh, ich freue mich. Wie schön, daß eine Behandlung jeden so fröhlich macht.

Bismarck:	Alexander in seinem Doppelleben, als Herr des Globus, ein angenehmes, beruhigendes Gefühl. Alexander von Berlin will die Welt erobern. Hup, eins zwei.
Marie:	Hup, drei vier.
Johanna:	Na, das würde mich gar nicht wundern. Ich hätte vollstes Vertrauen in ihn, dessen kannst du sicher sein.
Marie:	Oh, ich auch. Hup, eins zwei.
Katya:	Hup, drei vier.
Johanna:	(ernsthaft) Ja, Doktor, die Ansprüche im Hause Bismarck verlangen festes Schuhwerk und gute Durchblutung.
Marie:	Und Mäßigung.
Johanna:	Nehmen wir Champagner zum Mittag?
Marie:	Auf alle Fälle Champagner.
Herbert:	Gute Nachrichten, Doktor. Zum Mittag Austern, riesige Garnelen, gekochter Hummer, Lachs, Wildhähne und gebratener Hirsch. Und genug Wein, um ein schuldiges Gewissen herunterzuspülen! Da können Sie sich von Vaters Lektion erholen.

-VORHANG-

DRITTER AKT

Selbe Szene. Herbert geht langsam, in den Spiegel blickend, auf das Publikum zu. Er trägt Hut und Mantel eines englischen Admirals und Reithosen. Die Admiralhose liegt über einem Stuhl.

Herbert: (versucht, mit dem Hut einen gewünschten Effekt zu erzielen) Vater ist aus Eisen gemacht. Er wird sich seiner Krankheit noch in zwanzig Jahren rühmen. (wechselt die Pose) Meine Herren, die britische Marine er-war-tet uns. Auf den Tag! (wechselt die Pose) Kalt, schlau, mutig. (wechselt die Pose) Unerschütterlich, unberechenbar. (Marie tritt unbemerkt ein) Ein geborener Führer. (wechselt die Pose) Er ist ein Kernpunkt unseres nationalen Dranges! Die Spitze einer mächtigen deutschen Nation!

Marie: Entschuldigung, Herr Admiral.

Herbert: (ungerührt, posiert weiter) Ah, junges Ding. Was hast du diesmal auf dem Herzen?

Marie: Du weißt gar nicht, wie beeindruckend du bist!

Herbert: Daß ich unwiderstehlich bin, kann ich mir schon vorstellen. Bewundere mich, wenn es sein muß.

Marie: Ich bewundere dich, Herbert. Ich bewundere dich grenzenlos.

Herbert: (neue Pose) Preise mich nach Herzenslust.

Marie: Alles Lob für Herbert den Helden. Ein Hoch auf Herbert den Schönen. Hossana für Herbert den Mächtigen. Herbert der prächtige Recke wird nach London marschieren, ohne naß zu werden.

Herbert: Admirale marschieren nicht, sie segeln.

Marie: Segel weiter, Herbert. Segel weiter.

Herbert: Ist Vater immer noch mit seinem Hausjuden zugange?

Marie: Vater ist kaum zu begreifen. Er ist so schwer krank, und dennoch spricht er mit Onkel Bleich Stunde um Stunde.

Herbert:	Ich bemitleide jeden, der mit diesem Scheusal zu tun hat.
Marie:	Der Onkel wollte schon vor einer Stunde gehen.
Herbert:	Wenn die zwei zusammen kommen, entscheiden sie, wer an Bord bleibt und wer untergeht.
Marie:	Warum sagst Du solche Dinge?
Herbert:	Männersache. Wenn du einen Mann hast, wirst du schon verstehen.
Marie:	Onkel Bleich hat ausgezeichnete Manieren, nicht wahr?
Herbert:	Pah!
Marie:	Wenn Papa genug Champagner getrunken hat, wird er ihn vielleicht wieder umarmen.
Herbert:	Schwester! Mach mich nicht krank!
Marie:	Bruder! Ich verstehe dich nicht. Warum kannst du nicht vernünftig denken wie alle anderen?
Herbert:	Die anderen... Die stehen auf der falschen Seite.
Marie:	Papa versucht doch...
Herbert:	(am Fenster, plötzlich theatralisch) Was für ein widerliches Bild. Der höchste Beamte in unserem Staat reicht seine deutsche Hand einem Juden. Einem Schwein, mit dem keine dezente Person sich einlassen würde.
Marie:	(verwirrt) Sie sind doch gar nicht rausgekommen. (die Magd tritt durch die Hintertür ein und blickt auf die beiden)
Herbert:	Einbildungskraft, Schwester. Du mußt erfinden können. Für einen Politiker eine unverzichtbare Gabe. Wie Vater es sagt, wenige Freuden sind vergleichbar mit der Freude zu lügen.
Magd:	Entschuldigung. Herr von Bleichröder möchte mit Fräulein von Bismarck sprechen.

114

Herbert:	Was für eine widerliche Impertinenz diese hebräischen Streber haben. Wenn du die Wände nicht hoch genug baust, platzen sie dir in dein Schlafzimmer herein.
Marie:	(unsicher) Ich werde hier auf ihn warten, Irene. (Magd geht) Was nur könnte er wollen?
Herbert:	Beruhigung, wahrscheinlich. Die Zeitungen sind wieder hinter ihm her.
Marie:	Was ist hinter ihm her?
Herbert:	(nachahmend) Erinnere dich an unsere Regel. Moral ja, Politik nein.
Marie:	Oh, Herbert.
Herbert:	Vielleicht will er dir den Hof machen. Die bleiben noch auf den Beinen, wenn sie auf dem letzten Loch pfeifen und sind so lüstern wie Schlangen.
Marie:	Seit wann haben Schlangen Beine?
Herbert:	Tah, tah. Du bist reif für eine einträgliche Heirat. Der Alte sieht, wie du ihn bewunderst. Tah, das junge Ding glüht.
Marie:	(versucht sich zu beherrschen) Er kann dies mit Papa besprechen. Ich werde den Onkel geradeheraus fragen, ob seine Absichten aufrichtig sind.
Herbert:	(legt den Helm auf den Tisch) Tu es. Aber ohne mich. (verschwindet schnell durch die Hintertür. Von Bleichröder tritt durch die Tür der Hinterbühne ein. Er ist stark kurzsichtig und trägt dunkle, starke Brillengläser, entsprechend dem Zustand seiner Augen, die wohl in Kürze erblinden werden. Er ist ein hochgewachsener, grazier, etwas selbstgefälliger Mann von ungefähr fünfundfünfzig Jahren, in einem konservativen Anzug, mit einer bedachten Vorsicht. Obwohl er die Spitze eines internationalen Bankenimperiums ist, gelingt es ihm mit Marie zu sprechen, ohne daß seine Sprache eine falsche Note bekommt. Er ist nicht nur der fähigste Verwalter von Bismarcks zahlreichen Anlagen, eine Arbeit, die ihn Anfeindun-

gen aussetzt, man sagt ihm ebenso nach, daß er der einzige Mann ist, der mit des Kaisers Kanzler aufrichtig reden kann)

Bleichröder: Ah, Marie, was für ein wunderbares Mittagessen wir alle gehabt haben. Ein Besuch in diesem Haus tut besser als drei Wochen Marienbad.

Marie: Wir sind sehr dankbar, daß dasselbe auch für Papa gilt. Er fühlt sich immer besser, nachdem er mit dir geredet hat, Onkel Bleich.

Bleichröder: Irre ich mich oder ist die Gesundheit des Fürsten geringfügig gebessert?

Marie: In den letzten zwei Tagen hatten wir viel Spaß mit unserem neuen Hausarzt. Wir alle. Obwohl dies sein letzter Tag bei uns gewesen sein dürfte. Papa hat wohl keine Scherze mehr übrig, um mit ihm weiterzuspielen.

Bleichröder: (hebt den Admiralshut auf und tendelt mit ihm) Es gibt Ärzte im Überfluß, meine Schöne. Dein Vater kann sie sich kaufen, eine ganze Ladung davon. (kurze Pause) Darf ich aufrichtig zu dir sein?

Marie: Ja, bitte.

Bleichröder: Dein Vater und ich werden in gerichtliche Auseinandersetzungen hineingezogen werden. Letztlich langweilige Geschäfte, die uns kaum was anhaben werden, jedoch mit ärgerlichem Zeitverlust. Außerdem verhandele ich, einen Landsitz für deine Familie zu kaufen. Krank wie dein Vater ist, möchte ich ihn nicht mit Details belästigen.

Marie: Kümmert sich nicht Herbert um diese Dinge?

Bleichröder: Er tut es. Oder besser gesagt, er hat es getan. Es fällt mir nicht leicht, diesen, sagen wir, Umstand auszusprechen.

Marie: Du kannst es mir sagen, ich bin sicher.

Bleichröder: Es ist ziemlich delikat. Vielleicht sollte ich das Thema gar nicht darauf bringen. Siehst du meine Liebe, es scheint, daß

	ich nicht mehr die gewohnte Beziehung zu deinem Bruder habe.
Marie:	Wieso nicht? Ich verstehe nicht, Onkel.
Bleichröder:	Du verstehst nicht? Ich dachte mir, daß du es nicht verstehen wirst. Du bist ein zu liebes Wesen, um diese Dinge zu sehen. Aber für mich ist es äußerst quälend.
Marie:	Wir können nicht zulassen, daß du unzufrieden bist. Mama sagt, was für Onkel Bleichröder schlimm ist, ist schlimm für die Bismarcks.
Bleichröder:	(aufrichtig) Sagt sie? Wie freundlich. Ja wirklich! Du könntest nichts sagen, was mich mehr erfreut, als diese heilenden Worte von einem guten alten Freund. Was schlimm für Onkel Bleichröder ist, ist schlimm für die Bismarcks.
Marie:	Mama meint es. Ich denke nicht, daß Mama jemals etwas sagt, was sie nicht meint. Erinnerst du dich an das Pferd, das du Herbert geschenkt hast?
Bleichröder:	Das weiße Pony.
Marie:	Ja, das mit der wundervollen schwarzen Mähne.
Bleichröder:	Das war zum zehnten Geburtstag deines Bruders.
Marie:	Wir liebten das Pony. Besonders Herbert. (unsicher) Ich kann nicht glauben, daß Herbert undankbar wird.
Bleichröder:	In der Politik, wie in Geschäften, liebe Marie, da gibt es so etwas wie Dankbarkeit nicht.
Marie:	Aber es geht um Familie. Soll ich mit ihm reden?
Bleichröder:	Um Himmels Willen, nein. Nicht das. Höre nur hin, was er über mich sagt und... ja... versuche die Dinge etwas auszugleichen, wenn du kannst.
Marie:	Sicher, ich werde es tun. Gerne, ich verspreche es!

Bleichröder:	Danke, liebste Marie. Du wirst mir beistehen, ich bin sicher. Du bist ein Engel. Wenn die Zinsen ein so bezauberndes Lächeln hätten wie Du... Gib acht, daß die Ärzte nicht deinen Vater belästigen.
Marie:	Hab' keine Sorge. Herbert sagt, wenn Vater seinen preußischen Generalen auf den Fersen sein kann, dann kann er es auch mit einem Dutzend Ärzten aufnehmen.
Bleichröder:	(unbewußt nachsprechend) Herbert wird ein großer Mann werden. Er hat alle notwendigen Züge. (Marie nimmt Bleichröders Arm und begleitet ihn über die Hinterbühne zur Tür. Katya tritt von der Bibliothek aus herein. Sie hebt den Admiralshut und die Hosen auf. Sie setzt den Hut auf und versucht eine Pose. Aus Angst gesehen zu werden, legt sie den Hut ab und verläßt den Raum durch die Hintertür. Bismarck tritt von der Bibliothek her ein, gefolgt von Herbert, ohne Kostüm, Papiere lesend. Bismarck ist mürrisch und deprimiert)
Herbert:	Vater, ich denke wir haben diese hebräischen Ratgeber überschätzt. (lesend) "Mein erster Vorschlag ist, Ihre österreichischen Aktien zu verkaufen. Nachdem ich mit jedem der Rothschilds gesprochen habe, zeigte sich, daß die Ratschläge in Wien, London, Paris und Frankfurt dieselben sind. Es wäre zu empfehlen, sowohl die deutschen, als auch die österreichischen Eisenbahnanteile zu verkaufen, und sich dafür amerikanische und britische Wertpapiere zu sichern."
Bismarck:	Genug davon! Wenn wir diese Papiere verkaufen, würden wir den Markt nur noch mehr drücken.
Herbert:	(eifrig) Ja, und jeder Schweinehund von Diplomat und Bankier würde es aus unserer Hand lesen.
Bismarck:	Herbert, mein Sohn, wir werden dieses Vergnügen fortsetzen, wenn ich nicht gerade versuche, drei Teller Fasan zu verdauen.
Herbert:	In Ordnung, Vater.
Bismarck:	Ich werde an irgendetwas schmerzhaftes denken und das ganze Pack wimmern lassen. Was hast du da noch?

Herbert:	Eine Rechnung Möet et Chandon für dreitausend Flaschen Champagner.
Bismarck:	Bezahle sie.
Herbert:	Ja, Vater.
Bismarck:	Was müssen wir noch loswerden?
Herbert:	Doktor Springer.
Bismarck:	In Ordnung, hol mir den Galgenvogel.
Herbert:	Ich würde meinen, daß wir von anderswoher bessere Finanzberichte bekommen können. (verächtlich) Englische Wertpapiere! Amerika ist in Ordnung, da Geld dort respektiert wird, aber England ist eine Brutstätte der Demokratie. (geht durch die Hintertür ab)
Bismarck:	(bitter) Demokratie. Respekt. Wie konnte ich es fertigbringen, einen Sohn zu erziehen, der von Ideen verführt werden kann?
Marie:	(tritt von der Bibliothek her ein) Du siehst unglücklich aus, Papa. Ist etwas?
Bismarck:	(grimmig) Nichts. Ein Überschuß an nichts. Will mich jemand amüsieren?
Marie:	(blickt sich um) Ich weiß nicht. (kurze Pause) Ich fürchte nein.
Bismarck:	Es gibt hier nichts, was mich amüsiert. Ich muß mich immer selbst amüsieren. Amüsierst du mich?
Marie:	(gekränkt) Nein, Papa.
Bismarck:	Dann laß mich. (sie geht durch die Bibliothekstür; Springer tritt ein)
Springer:	Guten Nachmittag, Ihre Hoheit. Wie fühlen Sie sich heute?
Bismarck:	(sonnig) Habe mich nie besser gefühlt! Ein anständiges Fest nährt meinen Optimismus.

Springer:	Wenn es nur allein der Optimismus wäre, der genährt wird, bräuchten Ihre Hoheit nicht so viele Ärzte.
Bismarck:	MANCHE Ärzte sagen mir, was ich hören will.
Springer:	Leere Versprechungen oder falsche Berichte?
Bismarck:	(gelangweilt) Wie ich wähle. Ärzte sind wie Diplomaten. Wenn ich einen Befehl gebe, müssen sie sich in eine Linie begeben, wie Soldaten. Was haben wir heute – noch eine Portion moralischen Aufschwung?
Springer:	Eine Übung, die Geduld verlangt.
Bismarck:	Sie haben meine Geduld, aber beeilen Sie sich damit. Die Franzosen sehnen sich heftig nach Krieg, also muß ich ihre Demütigung veranlassen. Dafür wird es dieses Jahr keinen Krieg mit Rußland geben. Meine Hämorrhoiden erlauben mir das nicht. (in Schmerzen, faßt sich an die Seite) Ah!
Springer:	(füllt ein Glas mit Wasser) Ihre untere linke Seite.
Bismarck:	Hol sie der Teufel!
Springer:	(gibt Bismarck Wasser und eine Tablette) Der Schmerz ist nur zeitweilig.
Bismarck:	(in Schmerzen) Wie mein Leben! (schluckt die Tablette und setzt das Glas heftig auf den Tisch auf) Werden Sie philosophieren oder wird Ihre Behandlung einen Sinn haben?
Springer:	(Stethoskop in der Hand) Wenn Sie so freundlich sein würden. (er hört Bismarcks Herz ab) Ja... Ja. Eine robuste Konstitution. Hut ab. Gerade unter der Vervielfältigung Ihrer Bürden ist es ein Kompliment an Ihre Zähigkeit, daß Sie es so lange ausgehalten haben.
Bismarck:	(in Schmerzen, etwas schnaufend) Ohne die geringste Rücksicht auf meine Gesundheit zu nehmen, habe ich schon einen ganzen Stall allwissender Ärzte überlebt.
Springer:	(nachdem er den Puls nimmt, widmet er sich dem Magen des Patienten) Nicht alle Ärzte sind umnachtet. Einige Vorschläge

der Kollegen sind doch zuverlässig. Mit Ihrem Überessen und den späten Stunden, Ihren Zigarren und dem unmässigen Trinken, ohne Ihre zeitweilige Überarbeitung und die Wutkoller zu nennen, hätten Sie uns schon vor zehn Jahren verlassen können.

Bismarck: Vor zehn Jahren konnte ich mit einem Bären ringen.

Springer: Nehmen wir an, Sie würden zusammenbrechen und nächste Woche sterben, nicht weitergeholt in Ihrem Zustand. Könnte Ihr Sohn Sie ersetzen?

Bismarck: Ich ziehe Ärzte vor, die gewohnt sind, ihnen Anvertraute zu behandeln, ohne anzunehmen, daß diese sich unterhalten wollen.

Springer: Dann stellen sie einen Tierarzt an. Jeder Arzt sollte Sie warnen, Ihre Angelegenheiten zu klären und Ihren letzten Willen zu machen.

Bismarck: (als ob er nicht ein Wort verstanden hat) Wie jeder Junker war ich verpflichtet, fürstlich zu leben.

Springer: Wollen Sie Buße tun?

Bismarck: Erst ist er Philosoph und nun auch noch Pfarrer.
Springer: Würde ein Pfarrer Ihnen die Wahrheit sagen?

Bismarck: Vielleicht sollte ich noch eine Tablette nehmen. Der Schmerz scheint schlimmer zu werden. Und ich lehne es ab, mit Theologie, insbesondere nach dem Essen, überfallen zu werden.

Springer: Ich nenne es eine schwere Buße, mit oder ohne härenes Hemd. Anscheinend haben Sie Gewissensbisse.

Bismarck: (angewidert) Mein Gott, überall entlaufene Priester.
Alle Klöster in Europa müssen leer sein.

Springer: Und wir entkommen unserer Reue so leicht?

Bismarck: Wählen Sie ein mehr passendes Thema, junger Mann.

Springer:	(auf den Magen seines Patienten zeigend) Mein Thema ist eine überbeanspruchte Konstitution, die zu viele Brüche erlitten hat.
Bismarck:	Dann schustere das zusammen ohne zu moralisieren. Halb gebackene Predigten sind eine Beleidigung für jedermanns Verdauung. (mehr verärgert, als er es wahrnimmt) Großer Gott! Warum können sie Leute wie Euch nicht in einem Nonnenkloster behalten?
Springer:	Gibt es etwas, was Sie wiedergutmachen wollen?
Bismarck:	(auf einmal selbstbemitleidend) Nichts! Ich bedaure nichts! Außer, daß du schwatzt wie ein Priester und Rabbi zusammen. Ich bin bei weitem der bedeutendste Mann in Europa, und dennoch, mit dem Einverständnis derer, denen ich vertraue, erschwindelt sich ein geschwätziger Fanatiker nach dem anderen den Weg in meine Nähe.
Springer:	Sie vermissen lange Spaziergänge in Ihren Wäldern. Sie vermissen die Freude eines gesunden, nächtlichen Schlafes. Sie wollen wieder Ihre prämierten Pferde reiten. Ich kann Sie zurück in den Sattel bringen.
Bismarck:	Ich habe noch keinen Arzt gekannt, der nicht ein Schwindler oder ein Narr war. Durch viele Münder wird mir nun vorgetragen, daß ich meine Stärke bewahren soll. Meine Stärke nahm ein einfacher Soldat, der zufällig König von Preußen war, ich erst machte ihn zum Kaiser von Deutschland. Diese Stärke vereinigte sechzig Millionen Waschlappen, die dreißig verschiedenen Tyrannen gehorchten, und ich habe sie zu der auf der Erde meist gefürchteten Nation gemacht. (kurze Pause, bitter) Vertrauen Sie niemals einem Fürsten, Herr Doktor. Meine Krankheit wurde nicht durch den französischen Krieg ausgelöst, wie die Menschen denken, meine Krankheit wurde durch die barbarische Führung meines Kaisers und seines englischen Sohnes ausgelöst.
Springer:	(gedämpft) Vertrauen Sie MIR, Ihre Hoheit. Mit meinem Verfahren werden Sie in ein paar Tagen Ergebnisse bemerken.
Bismarck:	Ich wünsche, ich wäre eine Bombe, die dieses ganze Spektakel in Stücke sprengen könnte.

Springer:	Vertrauen Sie mir. In zwei Wochen werden Sie WISSEN, daß Sie sich erholen. Machen Sie so weiter wie bisher und Sie werden in zwei Jahren, wahrscheinlich früher, sterben.
Bismarck:	Sie wissen das nicht.
Springer:	Ein jeder kann sehen, daß es ein Wunder ist, daß Sie nicht ein Invalide sind. Sie halten Ihr Knie für das Übel, aber mit einem Blutgerinnsel, das bei Ihrer jetzigen Kondition fix entstehen kann, verlieren Sie Ihr ganzes Bein.
Bismarck:	Junger Arzt Bestvater wollte dieses Bein amputieren, nach einem Jagdunfall vor neunzehn Jahren. Junger Arzt Bestvater ist vor zwölf Jahren gestorben.
Springer:	Genauso wahrscheinlich wäre ein Anfall, den Sie überleben als ein gelähmter Klumpen Fleisch. Vielleicht werden Sie im Stande sein zu sehen, was um Sie herum geschieht, aber nicht in der Lage sein, Befehle zu geben.
Bismarck:	(von Schmerzen erfaßt) Junger Mann...
Springer:	Sehen Sie, selbst starke Schmerzmittel genügen nicht. Wieder Ihre untere linke Seite, nicht wahr?
Bismarck:	(steht unter Schmerzen und umgreift den Tisch) Wie ein Säbel!
Springer:	(professionell) Eben so. Ungefähr fünf Zentimeter unter dem Ende Ihres Brustkorbs. Manchmal beschrieben als ein gereizter Darm, aber es erinnert viele Leute an einen Herzanfall. Eigentlich ein interessantes Phänomen. Angina Pektoris in...
Bismarck:	Aiiiiiiiiiii! Rechthaber, hilf mir.
Springer:	(steht hinter ihm und massiert seinen Rumpfansatz) Ich kann Ihnen zeigen, wie Sie sich selbst helfen können.
Bismarck:	(keuchend, wütend, außer sich vor Schmerzen) Ein Idiot. Gott hilf mir, ein gefühlsduseliger Idiot.
Springer:	Ist es besser?

Bismarck:	(keuchend) Besser.
Springer:	(weiter massierend) Der Schmerz wird jetzt vergehen, aber solange Ihr Darm und Ihre Bauchspeicheldrüse nicht richtig behandelt werden, kann dies eine Vorschau eines finalen Anfalls sein. (er setzt Bismarck in seinen Stuhl, kniet zwischen seinen Beinen und massiert weiter dessen Rumpf)
Bismarck:	(stark schockiert und keuchend) So ernst kann es nicht sein.
Springer:	Den Ernst haben Sie hinter sich. Ihr Zustand ist längst fatal.
Bismarck:	Ich könnte Sie in meine Tasche stecken, junger Doktor, und niemand würde wissen, daß es Sie gibt.
Springer:	(massiert auf den Knien weiter) Das könnte mir schaden, aber Ihnen würde es nicht helfen. Auch Politiker mit vollen Taschen bekommen Schlaganfälle. Und stürzen nieder, wie verrottete Bäume.
Bismarck:	Mein Sohn kann regieren. Er ist ein begabter Bursche.
Springer:	Ihre Hoheit können Ihre Herrschaft beschützen und ich kann den Magen Ihrer Hoheit beschützen. Ich bin Ihre LEIBWACHE, für sechs Wochen, ein paar Tage mehr oder weniger. Nachher können Sie wieder all die Freuden eines Renaissance-Fürsten fortsetzen und ich werde ein Dummkopf von Arzt sein. Hier. Die Schmerzen sind weg. (Bismarck nickt) Wir beginnen heute eine Fisch-Diät.
Bismarck:	Die Schmerzen waren noch nie so schlimm gewesen. Eine üble Schlacht.
Springer:	Wir können diese Schlacht gewinnen, vertrauen Sie mir. Das See-Essen wird zugleich als Abführmittel und als Aufbauunterstützung wirken.
Bismarck:	Bestimmt gibt es schlimmere Diäten als See-Essen. Ich liebe frische Austern und Muscheln. Außerdem gebackenen Heilbutt und gefüllten Stör. Und kaltes Lachsmousse. Oder Dorsch au Gratin Mournay. Weißen Alsacienne. Seezunge au Vin Blanc. Und Teufelsseekrabben. Kammuscheln Parisienne. Steinbutt en Soufle. Gegrillte Aale. Gelierte Aale. Und Hum-

mer! Gekochter Hummer. (Springer schüttelt den Kopf) Hummer Mousse. Hummer Newberg. Hummer Thermidor... Pfannkuchen Hummer...

Springer: Mag Ihre Hoheit Hering?

Bismarck: Hering?

Springer: Unsere Diät basiert auf Hering.

Bismarck: Fabrikarbeiter essen Hering.

Springer: Wir erfreuen uns einer reichlichen Vielfalt. Gebackener Hering, gepökelter Hering, geräucherter Hering. Oder mal gegrillter Hering, mal Hering in Dillsauce.

Bismarck. Für sechs Wochen?

Springer: Sie werden nie hungrig bleiben, aber es wird auch kein Naschen zwischen den Mahlzeiten geben.

Bismarck: Sie werden mich in meinem eigenen Haus bespitzeln? Menschen wie Sie sterben an ihren Anmaßungen.

Springer: Ich werde selten außer Hörweite sein. Außerdem wird es drei Mahlzeiten pro Tag geben, nicht fünf wie bisher und Sie werden nur die Portion Weißwein bekommen, die ich Ihnen erlaube.

Bismarck: Zu Rindfleisch und Wild ziehen wir einen Rotwein vor. Ebenso zu Käse und Dessert. Und immer nach dem Essen einen reichen Burgunder oder Bordeaux.

Springer: Weißwein solange ich nichts anderes sage. Ich werde darauf achten, daß Sie genug Wein haben, um Ihren Fisch herunterzuspülen und Sie werden darauf achten, daß ich mich gemütlich fühle während meines Aufenthaltes. Und von allen Mitgliedern Ihrer Familie mit Höflichkeit behandelt werde. (Marie tritt ein und umarmt Bismarck) Und in Angelegenheiten, die Ihren Körper betreffen, werden die Entscheidungen von mir getroffen.

Bismarck:	(trostlos seinen schmerzenden Magen prüfend) Ich fühle mich schon besser.
Marie:	(küßt ihn) Mich überzeugst du nicht. Ich habe dich nie so niedergeschlagen gesehen.
Bismarck:	(die Hand an seinem Herz) Wieder dieses Hämmern. Mein Herz ist nicht in Ordnung.
Marie:	Papa, du hast das beste Herz der Welt. (verärgert) Geht Herr Doktor heute?
Springer:	Ich werde nach Berlin zurückkehren, sobald sich Seine Hoheit wieder gut fühlen. Seine Behandlungskur wird sechs Wochen dauern. Wenn ich auf Ihre Hilfe zählen könnte, ich denke...
Marie:	(ungläubig) Ist das richtig Papa? (bekommt keine Antwort)
Springer:	Für das Abendessen heute, gegrillten Hering mit etwas Lattich und Zwiebel. Nichts anderes.
Marie:	Hering?
Springer:	Hering.
Marie:	(lacht) Das ist lächerlich! Der Koch bereitet zwei ganze Lämmer zu. Mama hat ein richtiges Fest mit allen drumherum angeordnet. (verstört, weil Bismarck nicht mitlacht) Stell dir vor, Papa, gegrillter Hering. (geschwächtes Lachen) Unsere Bauern essen Hering.
Bismarck:	Sag Mutter, es soll getan werden, was der junge Mann sagt.
Springer:	Es würde besser sein, wenn Sie von nun an die Mahlzeiten mit mir planen.
Marie:	Vater, ist alles in Ordnung? Hattest du einen Anfall?
Springer:	Wir erwarten, daß sich der Fürst schnell erholt und völlig zur Genesung kommt. Sie können der Fürstin sagen, daß sie eine Besserung in zehn Tagen feststellen wird.

Marie:	Ich werde auf JEDEN FALL mit Mama reden. Und ich bin sicher, daß Mama eine Menge zu sagen haben wird.
Bismarck:	Tu, was der junge Mann sagt. (Katya tritt mit einem Speisetablett ein, gefolgt von der Magd mit zwei Flaschen Champagner in einem Kübel)
Katya:	Wenn Sie erlauben, die Fürstin hat gesagt, die Behandlung sei schon vorbei und Ihre Excellenz würden sicher einen Erfrischungsimbiß wünschen.
Bismarck:	(unglücklich) Ein Erfrischungsimbiß.
Marie:	(entschlossen) Ich denke, wir können alle etwas Aufmunterung brauchen. Das ist eine unerhörte, empörende Situation. Und meine Mutter wird es nicht hinnehmen.
Springer:	(ebenso entschlossen) Bringen Sie diese Sachen zurück in die Küche.
Katya:	(verunsichert) Ist das möglich? Ich verstehe nicht.
Marie:	Völlig unmöglich, Katya. Vollkommen unmöglich! Papa!
Bismarck:	Der junge Mann wird mir helfen.
Marie:	Papa, bist du krank? Kann ich dir etwas bringen? (empört zu Springer) Schocks wie diese sind nicht gut für meinen Vater. Er braucht seine Ernährung. Er sollte seinen Imbiß haben. Noch niemand hat es gewagt...
Bismarck:	Tu, was der junge Mann sagt.

-VORHANG UND PAUSE-

VIERTER AKT

Ein viel kleineres Zimmer, ausgestattet mit militärischen Kleinkunstprodukten. Die Hauptdekoration ist ein Porträt von Herbert von Bismarck in seiner Majoruniform, die er in der Schlacht von Sedan getragen hat. Die Türen sind geschlossen.

In den drei Wochen, seit dem vorherigen Akt, hat Bismarck über zwanzig Pfund abgenommen und dabei an Wohlgefühl gewonnen. Er sitzt versunken in einem Stuhl mit einer festen Rückenlehne. Seine Augen sind geschlossen. Obwohl Bismarck während des folgenden meist sitzen bleibt, sind seine Antworten oft physisch energisch. Manchmal entspringt ihm ein spontanes Fußaufstampfen oder Treten.

Springer:	Konzentrieren Sie sich auf die Münze. Es stärkt Sie, wenn Sie sich auf die Münze konzentrieren. Gold gibt Ihnen Stärke.
Bismarck:	(mit schiefem Lächeln) Mmm.
Springer:	(sanft in seinen Kommandos) Sie können die Stärke in Ihren Armen fühlen. Je länger Sie auf die Münze schauen, um so stärker werden Sie. Eine heilende Kraft fließt durch Sie hindurch. Es strömt durch die Sohlen Ihrer Füße, in Ihre Beine. Sie fühlen das Strömen warm und gut.
Bismarck:	(mit Anstrengung) Beine.
Springer:	Ihre Beine?
Bismarck:	Warm.
Springer:	Ja, warm und gut. Ihr Kreislauf bessert sich. Und Sie fühlen sich?
Bismarck:	(kurze Pause, stockend) Glück-lich!
Springer:	(hebt Bismarcks Arm und läßt ihn wieder los, der Arm ist widerstandslos, wie der einer Stoffpuppe) Sagen Sie mir, weshalb Sie nicht schlafen können.
Bismarck:	Gedanken.
Springer:	Welche Gedanken?
Bismarck:	Tabu.

Springer:	Nichts von dem, was wir hier sprechen, wird andere Ohren erreichen. Ein großer Mann muß schlafen können. Welche Gedanken quälen Sie?
Bismarck:	(kurze Pause) Tabu.
Springer:	Ist es ein politisches Geheimnis?
Bismarck:	Nein.
Springer:	Dann können Sie es mir sagen.
Bismarck:	(unheimlich murrend) Nein.
Springer:	Die Gedanken, die Sie quälen, sind wie die Nervenschmerzen, die Sie in Ihren Beinen hatten. Jetzt sind diese Schmerzen davongejagt. Sie werden Ihre quälenden Gedanken auf demselben Weg davonjagen wie Ihre Nervenschmerzen. (kurze Pause) Welche Gedanken halten Sie wach?
Bismarck:	Tabu.
Springer:	(nimmt einen Degen auf) Geht es um Ihre Familie?
Bismarck:	Ja. (kurze Pause) Tabu.
Springer:	(macht ein paar Schritte, lächelt dann) Wir haben für den Moment genug schlimme Themen angesprochen. (vermischt Suggestion mit Kommandos) Tabus und schlaflose Nächte, das ist alles hinter uns. Freund Bleichröder sagt uns, daß es keinen Weg gibt, um die Vermehrung Ihres Reichtums zu vermeiden. Sie können nichts anderes tun als immer reicher zu werden. Wie klingt das?
Bismarck:	(dröhnend) Gut. Spaßig.
Springer:	(richtet den Degen auf Bismarcks Herz) Sie sind Ihrer Millionen würdig. Sie verdienen es, einer der größten Landbesitzer Europas zu sein. Sie werden reiten gehen oder Sie werden sich auf Ihrer Terrasse sonnen während das Geld reinströmt. Wenigstens Vermögen genug, um ein weiteres Grundstück von allerfeinstem Land zu kaufen. Tausende Hektar reiche Wälder. Ist das spaßig?

Bismarck:	(dröhnend) Spaßig.
Springer:	Es ist spaßig. Und Sie sind jetzt glücklich. Es fließt in Ihnen. Sie fühlen, wie es fließt, überall in Ihrem Körper, warm und gut. (läßt den Degen sinken)
Bismarck:	Warm und gut. Spaßig.
Springer:	Erinnern Sie sich an unseren Spaß mit dem Ruderboot?
Bismarck:	Hmmm.
Springer:	Sie sind jetzt im Boot. (auf die Suggestion hin schaukelt Bismarck) Sanft dahinfließendes Wasser und ein friedliches Ufer. Sie schaukeln und versinken tiefer in sich selbst. Entspannt und gelöst. Sanftes Versinken in sich selbst. Versinken und weiter entspannen. Sanft schaukelndes Ruderboot. Tiefer sinkend, immer tiefer. Sie fühlen sich vollkommen im Frieden. Jetzt können Sie mir Ihre Gedanken sagen. (kurze Pause) Erinnern Sie sich an den Kirschbaum? (Bismarck nickt) Was haben Sie vom Kirschbaum heruntergesehen? Frauen, die am Ufer badeten. Rund und saftig. Und das große Mädel mit dem goldenen Band im Haar, war das rund und saftig? (Bismarck nickt glücklich) Und das tanzende Schwein?
Bismarck:	(mit verstärkter Sprechschwierigkeit) Spaßig.
Springer:	Und die goldene Gans? Wie war sie?
Bismarck:	Spaßig.
Springer:	(schaut zu Herberts Porträt) Wir werden für ein paar Wochen Verbündete sein. Allerdings werde ich weniger Ihr Verbündeter sein, als vielmehr Ihr Zauberer. Mit der Hilfe des Zauberers werden Sie wieder robust und aktiv. Sie werden wieder die besten Weine trinken. Sie werden Ihre Lieblingsstute über hunderte und hunderte Hektar Ihres Besitzes reiten. Und Sie werden das potenteste Geschöpf in Europa sein. Auf weite Entfernung ohne Rivalen. Was hat Ihre Mutter sich für Sie gewünscht?
Bismarck:	(glücklich dröhnend) Ma-cht!

Springer:	Ja, Macht. Sie will, daß Sie der machtvollste Mann in Europa sind, auf weite Entfernung ohne Rivalen. Das Militär braucht einen STARKEN Fürst Bismarck. Soldaten brauchen jemanden, dem sie gehorchen. Generale werden Ihre Laufburschen sein, Oberste Ihre Dienstmädchen. Sie werden rücksichtslos mit denen verfahren, die es wagen, Ihnen Fragen zu stellen. Und alle, die unter Ihnen Minister, Richter und Beamte sind, werden Ihnen, bereitwillig wie Ihr Pferd, gehorchen. Ist das spaßig?
Bismarck:	(Freude anhebend) Spa-ßig!
Springer:	(legt eine Hand auf Bismarcks Schulter) Gut. Unsere Bootsfahrt ist zu Ende. Ich werde Ihnen Ihre Darmschmerzen, Ihre Schlaflosigkeit und Ihre Krämpfe nehmen, dann werden Sie mich los sein. Sie werden mir meinen dubiosen Ruf nehmen. Und Sie werden jedem sagen, daß Sie mir enorm geholfen haben. Daß Sie mich gelehrt haben, aufzuhören mir falsche Gedanken zu machen und wie man einen guten Schlaf bekommt. Würde Ihnen das gefallen?
Bismarck:	(leiern) Mir gefällt es!
Springer:	Ich mache es für Sie. Sie machen es für mich. So etwas wird von den Staatsmännern ein Vertrag genannt, nicht wahr?
Bismarck:	(kichernd, den Bauch anhebend) Ver-trag.
Springer:	Ebenso wie das Reiten eines Pferdes kann einem ein Vertrag heiße Freuden bereiten. Und wie das tanzende Schwein kann die Vertragsverhandlung heiter sein. Wie das witzige Geschäft mit meinem Honorar. Äußerst witzig.
Bismarck:	Witzig!
Springer:	Mein witziger kleiner Preis.
Bismarck:	Witzig, witzig.
Springer:	Nur in einer Gruppe wird es keinen Lacher geben. Die Ärzte, die gesagt haben, Ihre Hoheit hätten Krebs, werden nichts zu lachen haben. Keiner der arroganten Ärzte in Berlin wird dann zu lachen haben. Aber alle anderen werden lachen, bis Ihnen

die Tränen kommen. (milde Nachahmung) Sagen Sie, was Sie wollen über Fürst Bismarck, aber der Witz des Mannes ist unwiderstehlich.

Bismarck: Witz.

Springer: Das ist es, Sie haben Mutterwitz. Sie sind ein geistreicher Mensch.

Bismarck: Geistreich.

Springer: Fürst Bismarck hält sie alle bei lachen, bis ihnen die Rippen weh tun. Und hier ist unser Jux. Sie werden die Ärzte in Berlin verblüffen, indem der Kaiser mich zu einem Professor an seiner Medizinschule macht. Eine Ernennung durch Seine Majestät den Kaiser, die nicht rückgängig gemacht werden kann. Ist das spaßig?

Bismarck: Spa-ßig!

Springer: Sie werden mir nie einen Pfennig zahlen. Die Steuerzahler werden das Gehalt des Professors zahlen und Sie werden zu allem lachen. Ist das spaßig?`

Bismarck: Spaßig!

Springer: Sie sehen, nichts ist einfacher, als fürstlich Spaß zu haben. Die Gedanken, die Sie wach halten, sind nicht wichtig. Wir können sie wegspülen und durch bessere Gedanken ersetzen. (legt den Degen auf den Tisch und legt seine Hand auf Bismarcks Stirn) Solange Sie meine Hand fühlen, werden Sie in der Lage sein, sich zu erinnern, was Ihnen den Schlaf raubt. Meine Hand läßt Sie sich erinnern. Jetzt. Was sehen Sie?

Bismarck: (mit Sprechschwierigkeiten während des folgenden) Meine Mutter. (erschrickt, beginnt zu weinen) Sie hat ein furchtbares Gesicht. Furchtbar. Sie ist wütend. (kurze Pause) Nicht, Mama, nicht...

Springer: Sie brauchen keine Angst zu haben. Ihre Mutter ist nicht wütend auf Sie. Sie ist wütend auf sich selbst.

Bismarck: (erschrocken) Ist sie?

Springer:	Es ist gewiß. Jetzt geht Ihre Mutter. Sie ist weg. Vergessen Sie Ihre Mutter. (Bismarck hört auf zu weinen) Was sehen Sie?
Bismarck:	Herbert.
Springer:	(überprüfend) Welche Farbe hat sein Mantel?
Bismarck:	Schwarz.
Springer:	Was für eine Farbe hat seine Hose?
Bismarck:	Schwarz.
Springer:	Was macht Herbert?
Bismarck:	Heiratet eine Schlampe. (stampft mit dem Fuß auf)
Springer:	Treten Sie die Schlampe. (Bismarck tritt mit dem Fuß) Noch einmal, treten Sie. (Bismarck tritt. Kurze Pause) Was sehen Sie noch?
Bismarck:	Reichstag.
Springer:	Den Reichstag. Was geschieht?
Bismarck:	Nichts.
Springer:	Nichts? Schauen Sie genau hin. Was sehen Sie?
Bismarck:	Nichts.
Springer:	Gar nichts?
Bismarck:	Leer. Keiner dort.
Springer:	(nimmt die Hand von Bismarcks Stirn) In Ordnung. Der schwierigste Teil ist vorbei. Sie werden Herbert und den Reichstag vergessen. Sie werden sie vergessen, wenn Sie den Gipfel Ihres Lieblingshügels erreicht haben. Sie sitzen jetzt auf Ihrem Lieblingspferd. (Bismarck reagiert auf die Suggestion) Solange wir hinaufreiten, steigen Sie in sich selbst, in Ihrem Inneren auf, bis zum Gipfel. Auf dem Gipfel haben Sie vergessen, was Sie bedrückte. Und Sie werden klar und leicht

sprechen. Sie können die Zügel loslassen und entspannen. Ihr Pferd kennt den Pfad. Wenn ich bis drei zu Ende gezählt habe, werden wir auf dem Gipfel sein. Es ist gut, sich seine Obstgärten anzuschauen, ein angenehmes Gefühl. Eins. Sie sind Herrscher hier. Sie besitzen alles, soweit das Auge sehen kann. Zwei. Sie fühlen sich leichter. Sanft aufsteigend. Leicht und frei. Ihr Pferd kennt den Weg. Sie sind jetzt an einem gemütlichen Ruheplatz. Drei. (kurze Pause) Sie sind immer noch beunruhigt. Was ist es?

Bismarck:	(immer noch unter Hypnose, aber ohne das vorherige Sprechhindernis) Herbert.
Springer:	Was ist mit Herbert?
Bismarck:	Dunkelheit. Ein dunkler Raum. Herbert in einem dunklen Raum, wie ein eingeschlossenes Kind. Ich verliere meinen Sohn.
Springer:	Wie?
Bismarck:	(Angst und Abscheu) Kosmopolitische Frauen. (stampft) Unabhängige Frauen.
Springer:	Treten Sie die Frauen. (Bismarck tritt) Sie werden Ihren Sohn behalten. (langsam) Sie sind einmalig, brillant, reich und mächtig. Ohne Sie ist Herbert nichts. (Bismarck beginnt zu weinen) Er wird stets seinem Vater gehorchen. Er verdankt Ihnen das Leben. Wenn Sie sagen "Mein Sohn, bedeutet es "Mein Sklave". Nur wenn er Ihnen gehorcht, seinem mächtigen Vater, ist es ihm erlaubt zu leben. Herbert würde armselig sein mit seiner lächerlichen Fürstin. Er will gar nicht die Frauen, er will sich nur selbst beweisen. Sie sind sein Herr und Gebieter. Er wird nur die Frau heiraten, die Sie ihm wählen. (Bismarck hört auf zu weinen) Jetzt zum Reichstag. (nachdenklich, leise) Die Politiker...
Bismarck:	Beneiden mich.
Springer:	Ist das schlimm?
Bismarck:	Prächtig.

Springer:	Dann ist es in Ordnung.
Bismarck:	Schlimm.
Springer:	(verwirrt) Wie?
Bismarck:	Sie bekämpfen mich.
Springer:	Die Männer irren sich. Sie irren sich, Sie zu bekämpfen.
Bismarck:	(Mit Anstrengung) Nein, sie haben recht. Ich hatte einmal Schemen, ehrgeizige Vorhaben. Visionen, Träume. Nichts davon jetzt. Ich klammere mich nur fest. (kurze Pause) Stures Festklammern.
Springer:	(gerührt) Sie sind der außerordentlichste Mann, den ich je kennengelernt habe. Die Männer im Reichstag...
Bismarck:	(verstört) Hassen mich. Hassen mich, wie ich mich selbst hasse. Könige, Fürsten, Parlamente, Armeen. Ich warf sie einmal um. Ich zerriß die Karte Europas und machte eine neue. Jetzt rauche ich meine Zigarren und grüble über englische Frauen.
Springer:	Während Sie Ihre Zigarren rauchen, bestimmen Sie das Schicksal von Europa. Jeder Hitzkopf kann sich für Krieg entscheiden. Es ist fürstlich und souverän, unserem Land den Frieden zu erhalten. (stellt sich hinter Bismarck und legt seine Hände auf dessen Schultern) Sie verdienen, was immer Sie wollen.
Bismarck:	(aufgeregt) Was immer?
Springer:	Nennen sie es.
Bismarck:	Ich wünsche...
Springer:	Was?
Bismarck:	Zu gewinnen.
Springer:	Wie?
Bismarck:	Sie zu schlagen.

Springer:	Sie können. Sie können sie schlagen.
Bismarck:	Alle?
Springer:	Alle.
Bismarck:	(leiert wonnig) Sie alle schlagen!
Springer:	(seine Hände noch immer auf Bismarcks Schultern) Das ist festgelegt. Sie werden sie alle schlagen. Die Männer im Reichstag werden Ihre Puppen sein, Sie werden sie zwingen, für den Frieden in Europa zu kämpfen. Ihre Durchsetzungskraft wird dafür sorgen, daß es keinen Krieg geben wird. (kehrt auf seinen Sitz zurück) Sollten wir denen einen Streich spielen, die glauben, daß Sie Krebs haben? (Bismarck nickt) In fünfzehn Minuten, von jetzt an, werden Sie den Wunsch verspüren, Ihr rechtes Ohr zu kratzen. Und Sie werden denken, ICH BIN SO STARK WIE EIN NASHORN MIT DREI HÖRNERN. Sie werden sich das rechte Ohr kratzen und sagen, "Wissen Sie, Doktor, meine Frau macht sich Sorgen um die Schmerzen in meinen Eingeweiden." Ich werde Ihnen sagen, daß Ihr Schmerz nur eine Blähung ist. Dann werden Sie sich das Ohr kratzen und Gas rauslassen. Nichts wird Sie aufhalten. Sie werden furzen und wir werden beide lachen. Jeder wird erfahren, wie gesund Ihre Eingeweide sind. Jedesmal wenn ich "Gas" sage, werden Sie furzen. Und es wird nicht irgendein alter Furz sein. Sie werden furzen wie ein Nashorn mit drei Hörnern. Dann können Sie jedem zeigen, daß Ihr Bein stark genug ist zum Stampfen, Treten und Klettern. Sie können sich bewegen wie ein Bergsteiger. Sie können auf Ihren Tisch steigen und König der Berge sein. Ist das spaßig?
Bismarck:	Spaßig.
Springer:	(er wirft einen prüfenden Blick auf seinen Patienten. Bismarcks Gesicht ist entspannt, sein Atem gleichmäßig und ruhig) Jetzt können wir zu den Marmortreppen gehen, die Sie so sehr mögen. Die Treppen von Parnassus. Wenn Sie den Aufstieg geschafft haben, werden Sie sich erfrischt fühlen. Sie werden sich an nichts mehr von dieser Unterhaltung erinnern. Sie werden sich nur leicht und zufrieden fühlen, als ob Sie von

einer Fuchsjagd zurückkommen. Auf welcher Stufe sind Sie jetzt?

Bismarck: (ahmt Fußschlürfen nach) Zehn.

Springer: Ihre Magenschmerzen sind nur Blähungen.

Bismarck: (dieselbe imaginäre Anstrengung während des folgenden) Neun.

Springer: Nur Gas.

Bismarck: Acht.

Springer: Und das Gas wird entweichen.
Bismarck: Sieben.

Springer: Ihr Darm kann alles.

Bismarck: Sechs.

Springer: Ihr Darm ist stark genug, um das Gas auszustoßen.

Bismarck: Fünf.

Springer: Ihre Beine sind stark. Sie werden fest im Sattel sitzen.

Bismarck: Vier.

Springer: Stark genug, um ein Pferd zu reiten.

Bismarck: (läßt seine Stimme gurgeln) Drei.

Springer: Wunderbar gemacht.

Bismarck: Zwei.

Springer: Erfrischt und entspannt.

Bismarck: Eins... (öffnet seine Augen und lächelt) Ahhhhhhh

Springer: Das alles war eine ordentliche Leistung. Heute Nacht sollten Sie wie das gesegnetste Kind in Deutschland schlafen.

Bismarck:	(wieder sein altes Selbst) Mit Sicherheit.
Springer:	Wie fühlen Sie sich?
Bismarck:	(tiefes Hervorheben von Zufriedenheit) Bereit zu reiten. Bereit, Füchse zu jagen.
Springer:	Wir sollten das tun, was wir gestern getan haben. Nehmen wir die losen Enden wieder auf. Sie erwähnten Herbert.
Bismarck:	Herbert ist das Salz auf der Erde. Ein fürstlicher Bursche. Nur Herbert kennt meine Geheimnisse.
Springer:	Jeder kennt Sie als einen äußerst stolzen Vater. Da ist Klugheit in diesem väterlichen Stolz. Da ist nicht nur Stolz im Kampf, sondern auch ein stolzes Disziplinhalten, um den Frieden zu bewahren. Sie sind ein starker Vater und ein starker Sohn in einer Person.
Bismarck:	(amüsiert von soviel Salbung) Zwei in einem? Da fehlt nur noch der Heilige Geist und ich werde Gott sein.
Springer:	Wie fühlt sich Ihr Bein?
Bismarck:	Als ob ich den Kronprinzen die Palasttreppen runtergetreten habe.
Springer:	Der Kronprinz ist Ihnen eine Plage.
Bismarck:	Dem Möchtegern fehlt es im Inneren an einem Prinzen. Anders als sein Vater, der durch und durch Vollblüter ist. Ein Vollblüter mit genug Vernunft, um dem Fürsten Bismarck zu gehorchen. Der Kaiser ist wie ein übersensibles Pferd, das vor jedem neuen Hindernis zurückschreckt. Es ist kein Geheimnis, so ein Wesen zu bändigen. Wenn man den Druck Stück um Stück anzieht, wird es bald gewöhnt sein durchzuhalten und im Zaume zu bleiben. (es klopft an der Tür) Ohne Zweifel meine liebe Frau. Komm herein! (Marie tritt ein. Ihre Haltung Springer gegenüber hat sich merklich geändert) Na, mein Anarchist?
Marie:	Bist du müde, Papa?

Bismarck:	Nicht im geringsten. Ich fühle mich stark... Das ist kurios. (hat Schwierigkeiten, sich selbst zu beherrschen) Ich wollte sagen... ach, mein Anarchist, ich fühle mich gezwungen dir zu gestehen, ich fühle mich stark wie ein dreihörniges Nashorn.
Marie:	Gibt es so ein Geschöpf?
Springer:	Es gibt es jetzt.
Bismarck:	Vorsichtig! Der Doktor wird dir sagen, daß solche Geschöpfe erst durch Gedanken ins Leben gerufen werden. Herrn Darwin zum Trotz.
Marie:	Na, ich würde gerne das Biest mit den drei Hörnern sehen.
Bismarck:	(wieder etwas gezwungen) Auf jeden Fall werde ich das potenteste Geschöpf in Europa sein.
Marie:	Papa, was für seltsame Dinge du sagst.
Bismarck:	Ja, der mächtigste Mann in Europa, auf weite Entfernung ohne Rivalen. Generäle und Oberste sind meine Stubenmädchen.
Marie:	Papa!
Bismarck:	Entschuldige mich, meine Liebe. Die Dinge sind in letzter Zeit etwas seltsam, nicht wahr? (Herbert tritt wichtigtuerisch ein, gefolgt von Johanna) Entzückend, alle meine bedeutendsten Menschen auf einem Haufen.
Johanna:	Ich kann an deinem Gesicht ablesen, wie fabelhaft die Behandlung wirkt.
Marie:	Mama hat einen Riecher für Ärzte. Sie sollte immer die Wahl treffen.
Herbert:	(ungeduldig) Vater, ich muß dich sprechen.
Bismarck:	Tu es mein lieber Herbert, tu es.
Herbert:	Selbstverständlich dich alleine.
Bismarck:	Ich habe keine Geheimnisse vor Doktor Springer.

	Eigentlich fühle ich mich heute, als bräuchte ich vor niemandem mehr Geheimnisse zu haben.
Marie:	Papa, es ist wunderbar, dich so reden zu hören.
Johanna:	Hören wir Doktor Springers Therapiebericht. Wenn selbst der Kanzler des Deutschen Reiches kein Geheimnis mehr hat, wird uns auch die Wissenschaft etwas hinter ihre Vorhänge schauen lassen.
Springer:	(auf Herberts Verwirrung eingehend) Sobald Seine Hoheit es wünscht. Ich werde in fünf Minuten zurück sein, Ihre Hoheit. (geht)
Herbert:	(sarkastisch) Fünf Minuten, um das Schicksal eines Mannes zu entscheiden. Vier Minuten mehr als wir brauchen. (er beugt sich zu den Frauen, mit spöttischer Formalität) Hoch geehrte und geschätzte Damen.
Marie:	Mach nicht so lange, Herbert. Mama will den Bericht. (geht mit Johanna ab)
Herbert:	Vater, wir wurden verraten.
Bismarck:	Wirklich? Du siehst schlecht aus, mein Junge. Seltsam die Dinge in letzter Zeit. Herbert, ich fühle mich großartig.
Herbert:	Du wirst nicht glauben, was ich in Berlin erfahren habe.
Bismarck:	(überschwenglich) Wirklich großartig, Herbert, Du solltest dich auch behandeln lassen. (bekommt einen entsetzten Blick von Herbert) Selbstverständlich werde ich dir glauben. Weshalb sollte ich an meinem Sohn zweifeln?
Herbert:	Ich konnte es ja selbst erst gar nicht glauben. Unser schwarzes Schaf ist schwärzer als wir dachten. Dieser Mann - diese Person Springer ist einfach unglaublich.
Bismarck:	Mein Junge, ich neige zu derselben Schlußfolgerung.
Herbert:	Ja, und was ist zu tun? Ah, zuerst muß ich dir sagen... Pfui! Es ist eine der schmutzigsten Geschichten, die ich je gehört habe.

Bismarck:	Du hättest dir keine Gedanken mehr darüber machen brauchen.
Herbert:	Was?
Bismarck:	Hast du es deiner Mutter gesagt?
Herbert:	Vater! Was für ein Gedanke!
Bismarck:	Auch deiner Schwester nicht?
Herbert:	Großer Gott, Vater, selbstverständlich nicht!
Bismarck:	Dann bin ich zufrieden. Du hast es gut gemacht. Wir werden den ganzen traurigen Vorgang vergessen.
Herbert:	(empört) Vergessen? Vater, ich glaube nicht, daß du verstehst. Die Anwesenheit von diesem Springer ist eine Beleidigung. Schlimmer, eine Befleckung, die dieses Haus verfluchen wird.
Bismarck:	Pfui! Herr Shakespeare kann in London bleiben.
Herbert:	Vater, ich verachte diesen... diese Person. Eines muß ich dir sagen! Es war mit einem Offizier Ihrer kaiserlichen Majestät. Ich bin überrascht, daß du nicht informiert warst, Vater. Deine Spione sagen dir doch sonst alles mögliche.
Bismarck:	Ich lege meine Informanten nicht unter die Betten der Offiziere.
Herbert:	(zeigt dramatisch auf sein eigenes Porträt) Vater, es war nicht irgendein Offizier. Er trug jene Uniform und jenen Rang. Es war ein Major in der Garde des Corps. Ich sage WAR.
Bismarck:	(leise) Sollte man das nicht meinen?
Herbert:	(mit Hysterie kämpfend) Inzwischen verstorben! Von eigener Hand!
Bismarck:	Der Major?

Herbert:	Unfaßbar! Der Arzt meines Vaters und ein Major der Garde des Corps.
Bismarck:	Wenn du Waffen brauchst, sind diejenigen, die sie dir liefern deine Freunde.
Herbert:	Wir wurden als Juden-Beschützer beschmutzt. Als Nächstes werden wir als Perversen-Beschützer dastehen. Und du nennst sie Freunde. Ich würde mir eher die Hand abhacken und mit einem Stumpf rumlaufen, als daß ich die Hand eines solchen Freundes schüttele. (stolziert durch die rechte Tür)
Bismarck:	(steht auf, prüft sein Bein) Ich mag Don Carlos so wie ich Hamlet mag. Herr Schiller soll mit Herrn Shakespeare verschwinden. All die berühmten Rollen scheinen mir verbraucht zu sein. Außer meiner. (sehr zufrieden mit seinem Bein) Außer meiner. (setzt sich wieder und bewegt sein Bein. Herbert kehrt zurück)
Herbert:	Ich war zu aufgebracht, Vater. Es tut mir leid.
Bismarck:	Mir auch.
Herbert:	Dennoch, preußische Offiziere sind das Rückgrat dieser Nation. Der Stolz der Armee sollte rein erhalten werden.
Bismarck:	(betrübt) Mein Sohn, zur Zeit bist du so belebend wie ein leeres Champagnerglas. Außerdem, die einzige Reinheit in dieser Welt ist der reine Egoismus.
Herbert:	So, reiner Egoismus. Ich hätte es wissen sollen. War es Bleichröder, der uns Springer aufgeladen hat? Ich hätte Mama fragen sollen. Ich hätte argwöhnischer sein sollen. Bleichröder...
Bismarck:	Es wäre für alle besser, wenn du den Wert des Mannes anerkennen würdest. '66 als mir das Geld fehlte um Österreich anzugreifen, und weder die Rothschilds noch die anderen jüdischen Bankiers oder unser eigenes Parlament es mir geben wollten, hat Bleichröder mir die nötigen Summen für den Krieg zur Verfügung gestellt.

	Und dieses riskante Unternehmen, in den Tagen, als ich dem Galgen ebenso nahe war wie dem Thron, verlangt etwas anderes als Haß.
Herbert:	Vater, Springers Lieblingstrick ist es, seine Patienten zu vergiften. Er erschleicht sich Vertrauen, indem er ihnen ein Gegenmittel gibt. (Johanna, Marie und Springer erscheinen im Türeingang)
Bismarck:	Nicht schlecht. Solche Intelligenz sollte belohnt werden. (auf einmal sehr reizend) Komm rein, Doktor, komm rein. Wir sprachen nur über Bedeutungsloses. Absolut Bedeutungsloses.
Marie:	Dann hat jetzt der medizinische Fortschritt das Wort. Mama möchte den Arztbericht hören.
Bismarck:	(es hat den Anschein, als müßte er sich sein Ohr kratzen, aber er widersteht dem Impuls noch) Das ist unheimlich. (schaut unsicher zu Springer)
Springer:	Wollten Sie mich etwas fragen, Ihre Hoheit?
Bismarck:	(lacht scherzhaft) Ja, aber ich bin nicht sicher, was es ist.
Marie:	Papa, du weißt immer, was du sagen willst.
Bismarck:	Ja, aber jetzt weiß ich's nicht.
Johanna:	Vielleicht was über deine Migräne.
Bismarck:	Nein, es ist viel saftiger, so spaßig, daß ich es vergessen habe. Ist es nicht absurd? Für zehn Jahre habe ich Migräne als treue Begleiterin und jetzt, da sie weg ist, vermisse ich sie nicht. (hebt erneut seine Hand und widersteht wieder dem Impuls sich zu kratzen) Ich habe die seltsamsten Gefühle.
Marie:	Vielleicht ist es deine Gürtelrose.
Johanna:	Oder dein Rheuma.
Bismarck:	(kratzt sich schließlich am Ohr) Wissen Sie, Doktor, meine Frau macht sich Sorgen über den Schmerz in meinem Darm.

Springer:	Sie werden solche Schmerzen bald los sein.
Johanna:	Dann ist es nichts ernstes?
Springer:	Nichts als Gas.
Herbert:	Wir hatten alle möglichen engelsgesichtigen Experten, die ihre Meinung abgegeben haben. Nicht einer hat Gas genannt.
Marie:	Oh, Papa, ich bin so froh.
Herbert:	(sarkastisch) Gas also. Nicht heiße Luft?
Springer:	Gas, fürstliches Gas.
Bismarck:	(dankbar, erleichtert) Und kein Krebs. Denk daran! Denk daran, Johanna.
Springer:	(zu Bismarck) Und bald wird das Gas entweichen. (Bismarck, der sehr aufgeregt ist, kratzt sich hinterm Ohr, dann furzt er laut. Für einen kurzen Augenblick ist er verlegen, dann entspannt er in einem erleichterten Lachen. Marie zeigt Anzeichen von Hysterie) Alles in allem, Fürstin, kein schlechter Bericht.
Herbert:	Es ist schon in Ordnung, Schwester, laß uns richtig weinen.
Bismarck:	Gute Nachrichten Johanna, es ist nur Gas.
Johanna:	Otto, ist das einer deiner Scherze?
Springer:	Es ist der denkbar beste Bericht. Ihre Hoheit ist jetzt stark genug, um den Politikern zu geben, was sie verdienen.
Bismarck:	(steht auf) Und stark genug, um den Rücktritt zu vergessen.
Springer:	In ein paar Wochen, werden Sie die Vitalität haben, die Sie vor zwanzig Jahren hatten. (Bismarck furzt ein zweites Mal) Eine zweite Chance für Sie, jedoch keine Angebote, den Verschleiß zu wiederholen.
Bismarck:	(demonstriert sein schmerzfreies Treten) Ist das ein Bericht des Fortschritts! Warum schaut Ihr alle drei so

	sauer? Alles ist... uh... rund und saftig. (schwingt sein Bein über den Stuhl)
Johanna:	(ihre weinende Tochter haltend) Otto, wirklich! (zu Springer) Das ist alles sehr plötzlich. (zu Bismarck) Das ist alles sehr plötzlich, Otto.
Herbert:	(zu Springer, scharf) Ja, sehr plötzlich. Wir sind nicht vorbereitet.
Bismarck:	WIR aber sind bestens vorbereitet. Wir sind stark genug, um wieder zu reiten. Vielleicht sind wir stark genug zum Bergsteigen.
Springer:	Und stark genug, um Gas auszustoßen. (Bismarck läßt den dritten und stärksten Furz. Marie stößt einen hysterischen Schrei aus)
Johanna:	Mein Gott, Otto, was geht hier vor?
Herbert:	(gedämpft zu Johanna) Einer von Springers schmutzigen Tricks, achte darauf.
Bismarck:	(nimmt das Schwert) Jetzt hat der Kaiser wirklich jemanden, um den er sich Sorgen machen muß. (gibt vor, ein Pferd zu besteigen und nimmt einen Galopp) Wieder zurück in den Sattel, Kanzler! Gib ihnen die Sporen. Die Sporen eines Junkergeistes. Victoria und Augusta. Augusta und Victoria. Die englische Hexe, die sich hinter dem Thron versteckt, wird anfangen sich zu winden und zu plärren. Und fünfhundert Politiker werden zucken, sich ducken und jammern. Jetzt werden wir sehen, wer Deutschland regiert.
Johanna:	(überwältigt) Doktor Springer, erklären Sie mir das.
Springer:	Ein Zeichen der Genesung würde ich sagen. Was sagt die Fürstin zu unserem Patienten?
Johanna:	(immer noch ihre schluchzende Tochter haltend) Ich sage, daß der Fürst jetzt weder reiten, noch auf den Tisch klettern soll.

Herbert:	(macht einen Schritt vor, unsicher, ob er sich an Springer oder Bismarck wenden soll) Ich muß sagen, ich finde das...
Bismarck:	(das Schwert in seiner rechten Hand, mit der anderen Hand auf den Schemel weisend) Steige herauf, mein Sohn.
Herbert:	(auf den Schemel steigend) Vater, ich...
Bismarck:	(verzückt, legt seine linke Hand auf Herberts Kopf) Alles ist geregelt. Mein Junge! (Herbert beugt seinen Kopf) Mein Sohn!
Marie:	(hysterisch) Oh, Papa! Er geht wieder in den Krieg.
Bismarck:	(triumphierend) Wir haben sie jetzt. Die Falle ist geölt, wir schnappen zu.
Marie:	(klagend) Es ist furchtbar. Einfach furchtbar!
Johanna:	Otto, erschrecke das arme Kind nicht zu Tode!
Bismarck:	(Bühnengeflüster) Wir werden sie alle schlagen.

-VORHANG-

FÜNFTER AKT

Ungefähr drei Wochen später. Es ist jetzt wieder der große, herrschaftliche Raum zu sehen. Ein Tisch ist mit acht Tellern gedeckt. Gleißender Sonnenschein strömt durch die offenen Fenster. Tischtuch, Silber und Blumen verleihen dem ganzen etwas Festlichkeit, die in der vorherigen Szene abwesend war, dennoch ist alles eher dezent als luxuriös, mit keiner Spur von der Pracht, die bei Bleichröders häufigen Abendessen sprichwörtlich ist.

Bismarck und Bleichröder treten ein, gefolgt von Herbert, der seine Mutter auf ihren Platz am gegenüberliegenden Ende des Tisches begleitet. Marie und Springer nehmen die ersten zwei Plätze auf der linken Seite des Fürsten ein. Ihnen folgen Professor von Rauch und Doktor Vogelweh, die sich gegenüber sitzen, der erste zwischen Bleichröder und Herbert, der letztere an der rechten Seite des Fürsten.

Bismarck strahlt in der weißen Galauniform eines Generalmajors. Er hat etwa zwanzig weitere Pfund abgenommen und geht mit kaum einer Andeutung von Schwierigkeiten. Würde der Schauspieler dem Bismarckporträt von Franz von Lenbach aus dem Jahre 1890 ähneln, wäre es vorteilhaft. Abgesehen von Herbert, dem mehr oder weniger immer unbehaglich ist, ist das Unbehagen der zwei besuchenden Ärzte wiederholt ersichtlich.

Rauch:	Verspätete Glückwünsche, Ihre Hoheit, zu Ihrem neuen Grundstück. Nach dem, was ich aus der Zeitung erfahren habe, muß das Areal großartig sein.
Bismarck:	Danke, Professor. Ich weiß nicht weshalb, aber Herbert begann sich hier etwas beengt zu fühlen. Ein Bedürfnis nach Platz und Weite liegt dem Jungen wohl im Blut.
Bleichröder:	Als ich neulich mit Ihrem Verwalter gesprochen habe, sagte er, daß dieses Grundstück hier über vierzehntausend Hektar hat.
Rauch:	Das muß es zu einem der größten privaten Besitztümer in Deutschland machen.
Bismarck:	Vierzehntausend Hektar. Mmmmmmm. Stimmt das, Herbert?
Herbert:	Das ist richtig, Vater.

Bismarck:	Das Gelände scheint mir viel kleiner. Dennoch, meine liebe Frau fühlt, daß Herbert eine ruhige Ecke für sich selbst braucht. Irgendwo, wo er seine Beine ausstrecken kann.
Rauch:	Weitere vierzehntausend Hektar, wo er seine Beine ausstrecken kann. Laßt uns hoffen, daß Herr von Bismarck sich dort nicht auch eingeengt fühlt.
Bismarck:	Wir Junker sagen, daß die Größe eines Besitzes die Größe eines Mannes zeigt. Außerdem ist Herbert jetzt ein Staatsmann von gewissem Rang. Es muß einen Trost geben, der soviele Pflichten kompensiert.
Bleichröder:	Trotz der niedrigen Bezüge bleibt der Staatsdienst der sicherste Weg zum Wohlstand.
Bismarck:	Staatsdiener wenigstens, sind weniger unverschämt. Wer seine Rente für seine alten Tage sicher hat, ist viel einfacher zu leiten, als jemand, der solche Aussicht nicht hat. Ich selbst habe mich besser verhalten unter öffentlicher Aufsicht. Als ich anfangs zustimmte Botschafter zu werden, dachte ich gar nicht, daß soviel Mittelmäßige darauf bestehen würden, mich auf den Gipfel des Staatsdienstes zu treiben. (gehobener, guter Humor) Es ist ein amüsanter Höhepunkt. '62 überzeugten sich die gescheitesten Politiker einander, daß ich eine vorübergehende Plage sei. Sie haben gesagt, daß meine reaktionären Ansichten mich in sechs Monaten an den Fortschrittlichen im Parlament scheitern lassen würden. Naja - jetzt sind keine Fortschrittlichen mehr im Parlament.
Bleichröder:	Auch keine Liberalen.
Rauch:	Liberale sind ganz fürchterliche Patienten, die wollen alles ausprobieren, aber nichts schlucken.
Herbert:	Vater hat früh gelernt, der sicherste Weg, die Opposition zur Ruhe zu bringen, ist einen Krieg anzufangen und ihn glänzend zu gewinnen.
Bismarck:	Da wir hier gemütlich sitzen, ist es schwer, sich vorzustellen, wie roh die Zeiten waren. Einen Tag zuvor wollten die Politi-

	ker meinen Kopf. Einen Tag später lagen sie zu meinen Füßen, einschließlich der Liberalen. HERR DOKTOR, wo waren Sie '64?
Vogelweh:	(überrascht) Ihre Hoheit?
Herbert:	Mein Vater fragt, waren Sie '64 auch im Krieg gegen Dänemark?
Vogelweh:	Es war gegen Abschluß meines Studiums, glaube ich. Ja, ich war dabei, das Medizinstudium zu Ende zu bringen, knapp bevor es mich zu Ende gebracht hätte.
Johanna:	(zu Marie) Gib Papa den Kaviar.
Bismarck:	Immerhin, vor langer Zeit, Sie sind nicht mehr der Jüngste unter uns.
Johanna:	Sie scheinen etwas bleich und deprimiert, Doktor. Essen Sie genug Eisen? Glauben Sie mir, Eisen stärkt die Nerven.
Bismarck:	Vielleicht kann Springer hier Ihnen mit etwas moralischem Aufschwung helfen. Ich dachte, daß ich dabei war, draußen unter die Wiese gebracht zu werden, aber Springer brachte mich wieder zum Leben mit seinem Aufschwung. (entzückt über den Kaviar) Mit Ihrer Erlaubnis, HERR DOKTOR.
Springer:	Wir haben Grund zu feiern.
Johanna:	Kaviar hat eine Menge Eisen. Es stärkt.
Springer:	Selbstverständlich stärkt es. Mit Maß.
Marie:	Papa, es ist wunderbar, solche Farbe in deinen Wangen zu sehen.
Bismarck:	Habe ich eine bessere Farbe?
Marie:	Viel besser.
Rauch:	Wie ich schon sagte, Ihre Hoheit, Sie sehen erstaunlich gut aus.

Johanna:	(zu den Ärzten) Seine Genesung ist ein Wunder. Ich gehe auf die Knie und danke Gott jeden Morgen dafür. Nur Er kann wissen, was wir alle durchgemacht haben.
Vogelweh:	(verlegen) Ja, dazu würde ich auch neigen, Beten ist angebracht.
Bismarck:	Wenn Doktor Springer morgen geht, läßt er mich in einer viel besseren Verfassung zurück als er mich vorgefunden hat. Der erste Arzt, dem das gelungen ist. (sein Glas hebend) Auf Doktor Springers heilende Art! (sie trinken einen Toast)
Johanna:	(mit gedämpfter Stimme, die Ärzte tröstend) Sie, meine Herren, haben ihm auch geholfen. Manchmal ist der Fürst ein wenig vergeßlich.
Bismarck:	(laut und fröhlich) Aber nicht taub! Ein scharfes Gehör, nicht wahr, Doktor?
Vogelweh:	(unglücklich) Es ist erstaunlich. Ja, meine Glückwünsche. Erstaunlich, Ihre Hoheit.
Bismarck:	(den Tisch musternd) Alles ist rund und saftig.
Rauch:	Was genau bedeutet moralischer Aufschwung?
Springer:	Es ist eine hocheffektive Kur.
Rauch:	Wofür?
Springer:	Für gewisse Leiden, die lange in Geheimnis gehüllt wurden. Ich glaube nicht, daß solche Geheimniskrämerei für unseren Beruf spricht. Und ich habe vor, etwas dagegen zu tun.
Rauch:	Also, ich finde das faszinierend. Nicht wahr, Vogelweh?
Vogelweh:	(untröstlich) Ja, faszinierend. Ich wünschte, etwas darüber wäre verständlich.
Rauch:	Was für Leiden genau?

Springer:	Für den Moment muß ich die Offenlegungen etwas hinaus-schieben. Sie werden selbst wissen, daß Entdeckungen immer wieder gestohlen werden.
Rauch:	Sie sind ein Fuchs.
Herbert:	Ein Fuchs wird nie ein Löwe sein.
Bismarck:	Und jetzt einen anderen Toast.
Herbert:	Es kann nichts weiter übrig bleiben für noch einen Toast.
Bismarck:	Doch es kann. Einen Toast auf Doktor Springer.
Herbert:	(unhöflich in die Bibliothek gehend) Das schwarze Schaf wird weiß gefärbt.
Bismarck:	Nächsten Monat, in Anerkennung der Forschungsleistungen und seiner bemerkenswerten therapeutischen Methode, die bald publiziert sein wird, erhält Doktor Springer ein zweites Doktorat an der Universität von Göttingen. (Sie murmeln Glückwünsche)
Marie:	Wie wunderbar. (kurze Pause) Ich denke so.
Bismarck:	Künftig werden wir unsere Toasts nicht nur auf Doktor Springer, sondern auf Doktor Doktor Springer auszubringen haben. Auf seinen Wohlstand, Geschicklichkeit und seine List. (Lachen. Sie trinken)
Springer:	Danke, Ihre Hoheit. Ihre Unterstützung ehrt mich.
Bismarck:	Dem Sieger die Beute.
Herbert:	(zum Tisch mit einem Buch zurückkehrend) Professor, Sie müssen entzückt sein über Ihren Kollegen.
Rauch:	Entzückt. Ist das treffende Wort. Ganz entzückt.
Herbert:	Geben Sie einem Laien ein klärendes Wort. Könnte es möglich sein, jemandem ein Gift zu verabreichen - ein mittelstarkes Gift sagen wir - und dann eine Stunde später ein Gegenmittel, um die Symptome zu vertreiben?

Rauch:	(kurze Pause) Es wäre wohl denkbar. Aber warum sollte jemand so etwas tun?
Herbert:	Ich habe eine Theorie, nur ich halte sie für einen regnerischen Tag.
Bismarck:	Ein bißchen mehr Fisch wird mir nicht schaden. (er schaut zu Springer, der zustimmend nickt)
Johanna:	Doktor, Sie essen nicht.
Vogelweh:	Das Übermaß an moralischem Aufschwung hat mir den Appetit genommen.
Johanna:	(entschlossen) Nichts könnte mir meinen Appetit nehmen. Vielleicht brauchen Herr Doktor mehr Eisen in seiner Diät.
Rauch:	Wann haben Ihre Hoheit den Nutzen von Eisen entdeckt?
Johanna:	1870, als der Fürst und Herbert in den Kampf ritten. Ich begann Eisen zu essen und bald fühlte ich mich stark genug, um selbst Franzosen zu schlachten.
Bismarck:	Und jetzt einen letzten Toast.
Herbert:	Wirklich! Vater ist in einer außerordentlichen Form.
Marie:	Ist das nicht wunderbar! Ich denke so.
Bismarck:	Auf unseren verehrten Gast Doktor Doktor Springer, zu seiner Ernennung als Professor an der Universität von Berlin. Wie all die speziellen Ernennungen durch seine kaiserliche Majestät, ist der Posten fürs Leben. Von nun an kann der Doktor Doktor Springer richtig nur angesprochen werden mit seinem korrekten Titel Professor Doktor Doktor. (toastet) Auf Professor Doktor Doktor Springer. Mögen seine Studenten lange von seinen Vorlesungen in moralischem Aufschwung profitieren. (sie trinken)
Springer:	Noch einmal, Ihre Hoheit, ich bin Ihnen zutiefst dankbar. Ich werde versuchen, das Vertrauen Ihrer Hoheit zu rechtfertigen.
Vogelweh:	Ein kometenhafter Aufstieg.

Rauch:	Wieder Eisen, Fürstin. Das Element scheint unzertrennlich zu den hohen Ämtern zu gehören.
Bismarck:	Wir werden uns nicht selbst täuschen, Professor. Ein hohes Amt ist ein anders Wort für das, was Herr Shakespeare Selbstschlachtung nennt. In meinem ersten Jahr als Premierminister wurde ich um zehn volle Jahre älter. Und drei Jahre älter für jedes Dienstjahr danach. (spöttischer Selbsttoast) Auf Methusalem. (Lachen von allen außer Herbert)
Alle:	Auf Methusalem!
Bismarck:	(sie beobachtend) Ja, ja ein hohes Amt bedeutet Selbstschlachtung. Keine Größe ohne große Opfer. (kurze Pause) Vielleicht ein Jahr länger noch. (kurze Pause) Vielleicht zwei. (kurze Pause)
Vogelweh:	(das Wagnis auf sich nehmend) Vielleicht zehn Jahre länger.
Bismarck:	(entzückt) Nein, nein, nein, Freund. Nur ein bißchen noch, dann kann Herbert übernehmen.
Johanna:	(der Taktlosigkeit unbewußt) Mein Sohn hatte wenigstens eine moralische Erziehung. Er wird keinen Aufschwung nötig haben.
Marie:	(zu den Ärzten) Eine preußische Erziehung. Es gibt nichts besseres als eine preußische Erziehung. Ich denke so.
Herbert: Vogelweh:	Ja, Lutherischen Katechismus und Artillerie-Training. (fühlt sich blöd aber genötigt) Katechismus ist wichtig. Und so, vermute ich, ist es auch mit der Artillerie.
Marie:	Und dem Eisen.
Johanna:	(in ihrem Element) Feuermacht ist vortrefflich. Gottesmacht bleibt grundsätzlich.
Vogelweh:	(bemüht) Das ist markig, Fürstin. Feuermacht ist vortrefflich, Glauben bleibt grundsätzlich.
Herbert:	Markig, aber nicht von Mutter. Sie hat ihre militärische Weisheit von unserem hohen Klerus.

Johanna:	Pastor Stocker sagte es. Wenn Pastor Stocker spricht, nimmt auch der Kaiser Notiz davon. Dessen kannst du sicher sein.
Herbert:	Wenn wir in den nächsten Krieg ziehen, wird Stocker die Trompeten ersetzen.
Bismarck:	Armer Stocker. Je älter er wird desto weniger versteht er.
Herbert:	Je weniger er versteht, um so lauter brüllt er.
Johanna:	Die beiden Familienoberhäupter verfüttern ihre Scherze mal wieder üppig. Ich sage, der Klerus ist der Wächter der Nation. Dieser Einfluß hat meinen Mann davor bewahrt, sein Leben zu verschwenden. Die meisten unserer Landsleute haben nicht so viel Glück.
Marie:	Urteile nicht, damit du nicht gerichtet wirst.
Johanna:	Ein gutes Motto für dich, mein Kind. Und eines solltest du dir dazu einprägen. Mann kann Unglauben nicht verstecken. Ich sehe es in ihren Gesichtern. Sofort sage ich zu mir selbst, jene sind Geschöpfe des Unglaubens. In dieser Familie haben wir alle einen robusten Glauben. Niemand kann mir sagen, daß das für jeden so gilt. In seiner Jugend war mein Otto weit weg vom Katechismus. Seine eigene Familie interessierte sich für ihn nicht im geringsten. (kurze Pause)
Vogelweh:	(verlegen) Ist so etwas möglich?
Bismarck:	(sich eines familiären Rituals erfreuend) Durchaus, mein lieber Doktor. Die Worte meiner Frau beschreiben recht genau.
Johanna:	Seine Mutter war völlig egoistisch. Ein schamloses Wesen, ein skandalöses Wesen.
Bismarck:	Meine Mutter hatte kein Talent für das, was man in Berlin Gemütlichkeit nennt. Aber andere Talente hatte sie vollauf.
Johanna:	Sie hatte ein Talent: Leute in die Verzweiflung zu treiben.
Vogelweh:	Es klingt bemerkenswert.
Herbert:	Was Ärzte doch für liebliche Worte finden.

Bleichröder:	Im Nachhinein ist es schwer zu beurteilen, was vor fünfzig Jahren geschah.
Johanna:	Wenige Menschen haben schlimmere Mütter. Kein Gewissen. Keinen religiösen Glauben. Keine Liebe für den Nächsten. Das schafft Pessimismus, und Pessimismus schafft Nihilismus. Und wir wissen, was Nihilismus schafft.
Herbert:	(ironisch) Es schafft Perverse, Verräter und Demokraten.
Vogelweh:	(unglücklich) Ein paar Worte können eine Menge sagen.
Bismarck:	Was meine liebe Frau sagt, ist wahr. Mein Pessimismus über die menschliche Natur stammt unbestreitbar von meiner Mutter ab. Sie gab mir in meiner Kindheit ein Training, das bis heute vorhält.
Johanna:	Sünde kann sich nicht hinter feinen Wörtern verstecken.
Marie:	Amen. Und jetzt, Mutter, vielleicht...
Johanna:	Gott rächt sich an allen Sündern. Ich hoffe, daß diese Person jetzt in der Hölle schmort für das, was sie meinem Otto angetan hat.
Herbert:	(zu Rauch) Die Dame, von der die Rede ist, meine vornehme Großmutter, hat nie die Freude gehabt, Mama kennenzulernen.
Bismarck:	Bei allem, ich muß sagen, meine Mutter war eine entzückende Frau, die sich mit schönen Dingen umgeben hat. Sie war klug, ehrgeizig und realistisch. Sie hatte eine beneidenswerte Erziehung und exzellente Verbindungen. Ein jeder war von meiner Mutter entzückt, einschließlich der königlichen Familie. Die einzige Kritik an ihr, die ich je hörte, war ein Munkeln, ihr Herz sei kalt wie eine Dezember-Makrele.
Herbert:	(gelangweilt) Eine einmalige Frau. Wirklich eine einmalige Frau.
Marie:	(flehend) Papa, es ist alles so lange her.
Bismarck:	Lange her ist meistens näher zur Hand. Lang ist es her, daß ich junge Kinder hatte, die ich mit einem heißen väterlichen Herz

liebte. Mein Herz ist älter geworden, doch auch heute sind diese Kinder mein Schmerz und meine Hoffnung. Meine Mutter hatte ein wunderschönes, strahlendes Gesicht. Ich sehe es, als wäre es an diesem Vormittag. Wie gewöhnlich rühmt sie sich. Sie rühmt sich bei meinem Vater über mich. Vater trägt seinen grauen Morgenmantel und raucht Pfeife. Er nimmt nicht im geringsten teil an dem, was seine junge Frau sagt. Meine Mutter, mit ihrer Begabung für das Dramatische, hebt ihre Hände zu einer überschwenglichen Geste und schwärmt; "Otto ist ein Brillant". "Er wird weiter gehen, als du jemals gedacht hast." Mutter weiß, daß ihr Zuhörer unanimiert ist, doch sie fährt fort. "Otto ist der geborene Regent, ein Fürst, ein Kaiser, er wird überwältigende Dinge tun. Er wird unsere träge Existenz in diesem öden Hinterland wieder gut machen."

Vogelweh:	Was immer auch anderes diese Frau war, sie besaß ein sicheres Urteil.
Bleichröder:	Können sich Ihre Hoheit erinnern, in welchen dieser Zimmer diese Konversationen stattfanden?
Bismarck:	Es ist schon eigenartig, woran man sich erinnert. Ich erinnere mich an die zwei silbernen Birken unter dem Fenster meines Schlafzimmers. Ich erinnere mich an die duftenden roten Rübenfelder im Juni. Ich kann die blauschwarzen Raben sehen, die nach Korn jagen und die Kieselsteine auf dem Grund des Flusses, der hinter dem Maisfeld floß. Ich erinnere mich an den Bronzeklopfer an der Vordertür und an jedes einzelne Zimmer aus dem Haus selbst. Oft genug saß ich alleine in dem Haus wie eine Ratte in einem leeren Stall.
Springer:	Solches Erinnerungsvermögen ist die Basis des Genies. Je mehr sich einer erinnert, um so stärker ist er.
Rauch:	Finden Sie nicht, daß Stärke ein schwer zu definierender Begriff ist?
Herbert:	Gewiß nicht. Stärke bedeutet: Enthaltsamkeit gegenüber jeglichem schändlichen Kontakt mit der Demokratie. Ich würde nur drei Jahre brauchen, um die sozialistischen Tendenzen in Deutschland auszurotten.

Johanna:	(stehend) Die Herren wollen über Politik reden, das ist keine Sachen für Damen.
Marie:	(auch stehend) Nichts für Damen mit Stolz.
Johanna:	Und Sie, Doktor Vogelweh?
Vogelweh:	(stehend) Mit Freude, Ihre Hoheit. (auf die Einladung von Marie steht auch Springer auf. Die vier gehen durch die Bibliothekstür. Gelegentliches Lachen und Anstoßen von Gläsern ist durch die offenen Türen zu hören. Das Sonnenlicht verblaßt. Auf dem Klavier in der Bibliothek beginnt jemand Chopins Etude Opus 25, Nummer 5 zu spielen. Spielzeit ist ungefähr drei Minuten und fünfzehn Sekunden)
Herbert:	(brütend) Wir haben den französischen Krieg hinter uns. Vielleicht ist es Zeit, auch den russischen Krieg hinter sich zu haben.
Bismarck:	Einen russischen Krieg hat man nie hinter sich, nie und nimmer.
Bleichröder:	Krieg wirkt auf mich, wie eine ungeschickte Methode Reichtum anzuhäufen. Als Bankier muß ich sagen, daß wir mehr Gebiete haben als wir brauchen.
Herbert:	Als Diplomat muß ich sagen, daß Diplomatie eine Art Krieg ist, der mit anderen Mitteln geführt wird.
Bleichröder:	Unsere Reichtümer sind unbeschreiblich weit ausgedehnt. Wenn wir unsere Anlagen klug vermehren, brauchen wir keine Feinde.
Herbert:	Zu VERKAUFEN ist die britische Flotte, laut meinen Informationen nicht. Geld kann uns die Freundschaft der Bankiers kaufen, jedoch nicht die Freunde, die wir brauchen.
Bleichröder:	Wir können uns, glaube ich, beruhigt auf unsere englischen Cousins verlassen. Ihre Investitionen sind, wie unsere, sicher angelegt. China, Indien, Burma, Südafrika, Ägypten, Irland, Kanada, Australien. Wie ich selbst feststelle, macht einen das Befassen mit solchen Investitionen vorsichtig und friedfertig.

Bismarck:	Vielleicht. Wenn wir nur lernen könnten, wie das menschliche Hirn auf dieser exzentrischen Insel funktioniert, könnten wir ihnen entgegenkommen. Wie die Dinge liegen, scheinen sie es selbst nicht zu wissen. Wenn ich der britische Premierminister wäre, würde ich einen Vertrag sowohl mit Rußland als auch mit Frankreich schließen, um Preußen, bei einem möglichen Krieg an zwei Fronten, gegenüberzustehen. Solche Truppenkonzentrationen können sogar die siegberauschten Generäle ernüchtern.
Herbert:	Du solltest das in deine Memoiren schreiben: <u>Gedanken und Erinnerungen.</u> Ich kann mir leicht einen Band auf dem Bücherregal einer jeden sich respektierenden Familie vorstellen.
Rauch:	"Gedanken und Erinnerungen". Ich wußte nicht, daß Ihre Hoheit an den Memoiren arbeitet.
Bismarck:	Was könnten meine Memoiren einbringen?
Herbert:	Ich könnte mich erkundigen.
Bismarck:	Tu es. Danach kannst du sie auch für mich schreiben. Ich habe mir nicht die Mühe gemacht, solch ehrwürdiges Alter zu erreichen, um meine Zeit mit literarischem Gekritzel zu vertun.
Rauch:	Könnte jemand anderes Ihre Memoiren schreiben?
Bismarck:	Es gibt nichts einfacheres als literarische Fälschungen. Herbert beherrschte meinen Stil schon vor Jahren. Unwiderstehlich, nicht wahr?
Rauch:	Von Bismarckscher Hand Geschriebenes würde so oder so ein unermeßlicher Gewinn für die deutsche Kultur sein.
Bismarck:	Kultur ist Wind um den Arsch. Dichtung bleibt Unwahrheit. Alles zusammen gänzlich eine Sache von Gleichgültigkeit.
Rauch:	Eine Sache von tiefstem Prinzip, wenn Ihre Hoheit erlauben.
Bismarck:	Nur ein einziges Prinzip hat mich jemals interessiert. Das Prinzip, daß es keine Prinzipien gibt. Das Leben ist zu kurz, um von der Verweichlichung der Kultur versaut zu werden. Jeder, der von Faust oder Don Carlos oder Wallenstein nach

	dem Alter von fünfundzwanzig fasziniert ist, hat seine Chance verpaßt, die Menschen zu sehen, so wie sie sind.
Herbert:	Mein Vater ist ein belesener Mann, doch er hat auf <u>Belles Lettres</u> verzichtet, als er meiner Mutter den Hof machte.
Bismarck:	Und er ist heute noch dafür dankbar.
Herbert:	Seine literarischen Blüten sind vorehelich. Sie gelangen zu uns dank eines erstaunlichen Gedächtnisses.
Bismarck:	Literatur zieht die an, die nicht erwachsen werden. Ich habe rechtzeitig einen Schlußstrich unter meine Jugendträume gezogen. Mehr Empfehlung braucht die Jugend heute nicht. Ich bin Kanzler geworden.
Rauch:	(sehnt sich zu gehen) Mit Ihrer Erlaubnis, Ihre Hoheit.
Bismarck:	Rennen Sie nicht davon, Professor.
Rauch:	Es ist Zeit, mich den Damen anzuschließen.
Herbert:	Die Damen wissen sich selbst zu genügen.
Rauch:	Dann werde ich meinen Kollegen in ein Gespräch über moralischen Aufschwung verwickeln.
Bismarck:	Ihr HOCHGESCHÄTZTER Kollege.
Rauch:	Ihre Hoheit nehmen mir diesen Höhepunkt geradezu vorweg. Mein HOCHGESCHÄTZTER Kollege. Professor Doktor Doktor Springer.
Herbert:	(steht auf) Na denn, Professor. Unsere beste Schlacht war das nicht. (sie betreten die Bibliothek. Bismarck, allein mit Bleichröder, zeigt sich von seiner freundlichsten Seite. Als die Chopin Etude endet, beginnt der Pianist, die Etude Nummer 7 von demselben Opus desselben Komponisten. Spielzeit viereinhalb Minuten. Die Männer zünden sich Zigarren an)
Bleichröder:	Zuviele militärische Gespräche verunsichern mich. Für unsere Zivilisationsstufe sollte das überflüssig sein.

Bismarck:	Herbert hat keine andere Wahl als kämpferisch zu sein. Wenn wir angegriffen werden, müssen wir Bismarcks zurückschlagen. Anders können wir nicht einschlafen.
Bleichröder:	Herbert beunruhigt mich. Egal, was ihm für eine Mahlzeit vorgesetzt wird, er fügt ihr Pfeffer, Senf und Essig hinzu.
Bismarck:	Herbert ist wie ich. Er will nicht in seiner eigenen Galle ertrinken.
Bleichröder:	Früher war er ausgeglichener. Selbst in den '70er Jahren, als er die Uniform seiner Majestät trug, war er weniger kriegerisch.
Bismarck:	Das waren spaßige Zeiten, als solche niedlichen Kriege unsere Grenzen erweitern konnten. Jetzt haben wir Angst uns zu bewegen. Wir sitzen hier, wie die Hennen in einem Hühnerstall, verängstigt vor den Blitzen.
Bleichröder:	Ihre Hoheit wissen, daß es ein schlechteres Auskommen gibt als diesen Hühnerstall.
Bismarck:	Bevor ich deine Hilfe hatte, waren meine Geschäfte darauf beschränkt, meine Schulden zu erhöhen. Jetzt habe ich soviel Land, daß ich mich selbst beinahe zufrieden nennen könnte.
Bleichröder:	Zufrieden ist ein großes Wort. Jedenfalls ein Wort, das ich nicht oft von Ihnen höre.
Bismarck:	Faust klagt über die zwei Seelen in seiner Brust. Ich beherberge aber eine ganze Bande, die sich zanken. Das meiste, was sie sagen, kann ich ertragen. Es sind da doch ganze Provinzen, in die ich nie einen anderen Menschen werde hineinsehen lassen. Kaum, daß die Sonne untergegangen ist, werde ich von einem Heißhunger auf die Besitztümer meines Nachbarn gepackt. Nur bei Tageslicht beruhige ich mich genug, mit ihnen beherrscht zu reden.
Bleichröder:	Wir könnten uns etwas mehr am russischen Markt erlauben. Vielleicht einen weiteren Kredit für den Zaren. Ein Trick zwar, aber einträglich.

Bismarck:	Wenn wir unsere Kredite für den Osten anheben, werde ich der Erste sein, der es dir sagt. Bis dahin haben die sich mit ihren Leiden zurechtzufinden.
Bleichröder:	Als ein vorsichtiger Mann sprechend, würde ich gern Asien und Afrika den Franzosen und Briten lassen, den Balkan dem der immer ihn will, wenn ich dafür nur russische Bergwerke kaufen könnte.
Bismarck:	Und ihre Rüstung...
Bleichröder:	Im Grunde haben wir ihn ja schon verschnürt, so zu sagen. Die Geldverlegenheiten des Zaren, militärische und andere, machen ihn von unseren Banken abhängig.
Herbert:	(unterbrechend vom Türeingang aus) Ich glaube nicht, daß wir Vorlesungen über Rußland brauchen. Wir Junker waren immer prorussisch. Eine enge Beziehung gibt uns die beste Möglichkeit, sie zu zivilisieren.
Bleichröder:	Die Aussichten am russischen Markt sind nahezu unerschöpflich.
Herbert:	(gegen seinen Zorn ankämpfend) Geld. Immer Geld. Unablässig der Tanz um das goldene Kalb. Zivilisten benehmen sich besser, wenn sie einen General haben, der ihnen Befehle gibt. Herr von Bleichröder hat nie die Leidenschaft einer Truppe kennengelernt, die sich auf einen Kampf vorbereitet. Er hat nie ein lebendes Pferd bestiegen und ist durch Kanonenfeuer geritten. Die Zeit ist nahe, daß die Geldgespräche durch andere, edle Laute übertönt werden. Europa fiebert nur nach einem einzigen Laut. Europa fiebert nach den Kriegstrommeln. (wütend und angeekelt geht Herbert in die Bibliothek)
Bismarck:	(leise) Europa. Ich würde kein gesundes Schwein für Europa opfern. Wenn Männern die Nerven fehlen, um zu gestehen, was sie wollen, dann verlangen sie es im Namen Europas. Das nächste Mal, wenn der Kronprinz mich mit diesem Wort krank macht, werde ich ihm sagen, daß dieses Wort lächerlich, nichts als ein geographischer Begriff ist. (kurze Pause) Ähnlich wie der Schwindel mit Deutschland. Ein vereintes Deutschland! Der Kaiser selbst kümmert sich wenig um das, was sich außerhalb der Kasernenwände befindet. Außer seine

Pferde zu inspizieren und seine Soldaten zu lieben, weiß er über Deutschland so viel, wie ich über Marokko weiß.
(Marie tritt vorsichtig ein)

Bleichröder: Dann sollte ich den Mund halten. Wenn ich sage, daß der Kaiser mich gewöhnlich als gut informiert beeindruckt, würde ich nur meine Unkenntnis enthüllen.

Bismarck: Diese Familie ist ein unverbesserliches Elend.

Bleichröder: Ihre Hoheit weiß, daß der alte Soldat immer sehr großzügig zu mir war.

Bismarck: Eine schwer zu verdauende Art von Großzügigkeit, die unser Soldat da hat. Haben wir uns jemals nach Bayern gesehnt? Hatten wir jemals das Bedürfnis, bis südlich vom Main zu gehen? Nun haben wir die Südler im Nacken. Schlimmer, wir werden von ihnen abhängig sein. Wir haben ein Reich durch Zufall hervorgebracht, alter Freund.

Bleichröder: Ein Zufall, der Sie zur Neidfigur der zivilisierten Welt gemacht hat.

Bismarck: Diese Kaisergeburt war eine schwere, und Könige haben in solchen Zeiten ihre wunderlichen Gelüste, wie Frauen, bevor sie der Welt hergeben, was sie doch nicht behalten können. Ich hatte als Accoucheur mehrmals das dringende Bedürfnis, eine Kanone zu sein und den ganzen Palast in Trümmer zu legen.

Bleichröder: Ich kann nur Ihre Hoheit zitieren. Mit den Feinden wird man fertig, aber die Freunde!

Bismarck: Die Edlen und die Gefeierten sind langweilig, nicht wahr? Mir wurde das Porträt eines gekrönten Kopfes in Europa präsentiert. Sie sind in der Kanzlei aufgestapelt, ihre Gesichter zur Wand.

Marie: Lieber Onkel Bleich, wir brauchen deine Hilfe.

Bleichröder: Ich möchte denken, daß ihr weiterkommt ohne die Hilfe eines alten Mannes.